U0794899

新编21世纪高等职业教育精品教材 · 通识课系列

# 形体塑造

XINGTI SUZAO

主　编◎李东阳　王　锐　朱　琨

中国人民大学出版社
· 北京 ·

**图书在版编目（CIP）数据**

形体塑造／李东阳，王锐，朱琨主编. -- 北京：中国人民大学出版社，2025. 8. --（新编 21 世纪高等职业教育精品教材）. -- ISBN 978-7-300-34105-7

Ⅰ. G883

中国国家版本馆 CIP 数据核字第 2025N8A831 号

新编 21 世纪高等职业教育精品教材·通识课系列

**形体塑造**

主　编　李东阳　王　锐　朱　琨

副主编　张春雷　吕佳蔚　李幻宇

参　编　钱　坤　冯泽奇　孙黎娜　温雨凡

Xingti Suzao

---

| | | | |
|---|---|---|---|
| **出版发行** | 中国人民大学出版社 | | |
| **社　　址** | 北京中关村大街 31 号 | **邮政编码** | 100080 |
| **电　　话** | 010－62511242（总编室） | | 010－62511770（质管部） |
| | 010－82501766（邮购部） | | 010－62514148（门市部） |
| | 010－62511173（发行公司） | | 010－62515275（盗版举报） |
| **网　　址** | http://www.crup.com.cn | | |
| **经　　销** | 新华书店 | | |
| **印　　刷** | 北京昌联印刷有限公司 | | |
| **开　　本** | 787 mm×1092 mm　1/16 | **版　　次** | 2025 年 8 月第 1 版 |
| **印　　张** | 9.75 | **印　　次** | 2025 年 8 月第 1 次印刷 |
| **字　　数** | 178 000 | **定　　价** | 35.00 元 |

---

**版权所有　侵权必究　印装差错　负责调换**

# 前言

“形体塑造”课程是高等职业院校空中乘务专业的核心专业课程。本门课程不仅是空中乘务专业的必修课程，也可以列入大学生人文素质教育之中，对提高当代大学生的自身修养和行为规范起着积极的作用。本教材全面贯彻党的教育方针，根据高素质技能型人才培养的特点及要求编写。本教材以大学生生理特点和形体美的要素为依据，参考并综合了中外形体艺术教育的方法和内容，侧重知识和能力、兴趣和爱好、理论和实践三方面相结合，重新确立了新的形体训练教学内容体系。

本教材在内容结构上讲究科学性、延伸性、规范性与实用性；在形式上讲究图文并茂，由吉林省经济管理干部学院教师及学生参与录制和拍摄，制作了微课、视频等课程资源，以辅助教与学，是一本集教学、实训、培训于一体的新形态一体化教材。大学生可以通过学习本教材，掌握形体训练的基本理论知识与技能，塑造健美的形体，培养优雅的举止和良好的精神风貌。

本教材共分为七章，具体编写分工如下：李东阳负责教材的审校和统稿以及第一章、第二章、第三章的编写；王锐负责第六章的编写；朱琨负责第四章的编写；张春雷负责第七章的编写；吕佳蔚负责第五章的编写；李幻宇负责教材的微课制作及照片拍摄。钱坤、冯泽奇、孙黎娜、温雨凡负责指导学生收集教材中使用的照片。

长春龙嘉国际机场客运服务部李雪主任为本教材的编写提出了十分宝贵的意见和建议，中国南方航空“明珠之蓝”乘务员杨莹为本教材提供了案例信息，并在动作示范方面给予了帮助和支持，在此一并表示感谢！由于时间有限，教材引用和参阅的相关学者及专家的成果未能一一说明，在此向相关作者表示诚挚的谢意！最后，感谢中国人民大学出版社编辑为本书顺利出版所做出的努力！

由于编者水平所限，书中难免有不妥之处，敬请广大读者批评指正。

**主编**

# 目录

# 第一章 形体概述

## 学前导读

“形体塑造”作为高等职业院校空中乘务专业的核心专业课程，具有十分重要的地位。个人良好的仪态及气质形象对职业行为习惯及规范起到了铺垫的作用。为了使同学们在走向职场时能够更有自信心，并具备更强的社会竞争力，我们针对同学们的生理特点和形体特点，参考并综合了中外形体艺术教育的方法和内容来构建本章内容，同时侧重知识和能力、兴趣和爱好等多方面的结合。

## 知识目标

1. 了解开设“形体塑造”课程的目的和作用
2. 了解形体美的定义及塑造形体美的社会功能
3. 掌握形体美的塑造要求和女性形体结构特征

## 能力目标

1. 培养和提高审美意识和审美能力
2. 提高德育素养

## 素养目标

1. 树立正确的审美观
2. 通过对形体的正确塑造和训练，培养积极正确的价值观

形体塑造是通过肢体语言来表达内心情感的一种方式。具体而言，形体塑造是以人体生理科学原理、美学原理为指导，以传统礼乐文化为中心，以身体训练为主要手段，以发展专项素质为基础，以塑造完美体态为核心，以提高学生的面试才艺技巧为

重点，以培养学生良好的个人素质和内在修养为目的，对学生进行德育、美育教育的过程。

## 第一节 形体美的内涵

高等职业院校空中乘务专业开设“形体塑造”课程，目的是引导学生矫正不良身姿，打造完美形象，促进身心协调，建立对美的正确认知和提高审美能力。学习这门课程，可以增强同学们的自信心，提升同学们的个人气质和内在修养，为同学们以后从事空中乘务工作奠定良好的职业形态基础。

人的形体美是自然美的最高形态。人的形体美包含两种含义：一是人外在的形体美；二是作为社会人内在的心灵美、气质美。这种美的形象蕴含了形式和内容的一致性。为了更好地学习和掌握训练内容，同学们首先应该明确形体美的定义和塑造形体美的基本要求以及塑造形体美的社会功能。

### 一、形体美的定义

形体是指人身体的形态，由体格、体形、姿态三个方面构成。体格是指人体的形态和结构。体形是指身体各个部分的比例、各种围度之间的比例等。姿态是指人坐、立、行、走等各种基本活动的姿势。由形体的构成要素不难看出，形体美是一种综合的整体美，它既包含人体外表形状轮廓的美，又包含人体在各种活动中表现出来的体态美。

所谓形体美，就是健壮体格、完美体形、优美姿态融汇而成并展现出来的和谐的整体美。就我们每个人来说，当然都想自身完美，也就是心灵（内容）与身体（形式）两个方面都达到尽善尽美的程度。

心灵美是内在的，表现在人的思想、精神、情操、品德和风度等方面。身体美是外在的，表现在人的体形、仪表、举止等方面。形体塑造训练正是采用了舞蹈基础技能与健美训练相结合的方法，使人的心灵美和身体美达到和谐统一。

同学们可以通过形体塑造技能和理论的学习，提高自身的技能水平，灵活自如地展现自我，并在学习中感悟优美、高尚、健康、温柔，同时陶冶情操。空中乘务专业的学生一定要严格要求和规范自身的仪容仪表，坚持完成形体训练，因为形体训练在塑造形体美方面起着很重要的作用。

## 二、塑造形体美的基本要求

在鉴别与评价形体美时，切不可把体格、体形、姿态三大要素割裂开来，必须全面综合分析，着眼于整体。同学们在塑造形体美时，则要根据自身的自然条件，从整体美的角度出发，进行身体各个部分的强化训练，达到身体各部分协调配合，方能实现美化形体的愿望。

男生：突出胸、肩、背的训练，使胸背肌健硕、肩膀宽阔，以体现阳刚之美。

女生：突出胸、腰腹、腿的训练，展现曲线美。

模仿学习是形体塑造的初级阶段，同学们主要通过课本和教学图解，结合教师的动作演示，同时配合音像资料，从陌生到熟悉，从感知到领会，进而掌握学习内容。变化练习主要是同学们根据自身体能和基本条件，在全面学习的基础上，充分发挥主观能动性，改变练习的内在因素，包括动作的节奏、幅度、速度的变化，通过动作方向和运动路线的不同组合方式来反复练习。

## 三、塑造形体美的社会功能

### （一）增强体质，净化心灵

早在 18 世纪，伏尔泰就提出了生命在于运动的观点。在我国古代，人们在求生存、与大自然的斗争中就以各种各样自娱自乐的形式来强身健体，消灾祛病。据记载，在远古阴康氏年代，天气阴霾多雨，河道壅塞不通，洪水泛滥，人们的情绪忧郁，身体也逐渐衰弱。于是，有人就创造了健美的舞蹈，舒展筋骨，增强体质，排除“滞伏”“郁淤”的潮湿阴沉之气，使人恢复健康。

我国的传统医学和现代医学一致认为，适当的运动对人体大有裨益：第一，能促进骨骼和肌肉的生长，使身体健康匀称地发展；第二，能调节心神，强化各脏腑组织的协调功能；第三，能增强“心主血脉”和“肺主气”的功能；第四，能增强脾胃功能，有助于饮食的消化和吸收；第五，能促进体内的新陈代谢，是恢复代谢功能最积极的措施。

这种既增强体质又促进代谢的功能性运动，正是人们普遍追求美时所进行的形体训练。从表面上看，形体训练是一般的健身运动，但实质上它是一种更为高级的艺术化的运动。形体训练的内容主要包括经过提炼、组织、美化、节律化的人体动态造型的各种运动。参与者在优美的旋律伴奏下，在自身形体有节奏的律动中，充分感受到自我的存在、生命的活力，感受到自我展示的形体之美、气质神韵之美、节律之美和力量之美。在这种内情外化的运动过程中，参与者获得了自身精神和肉体融合的美感，进入身心合一、内外交融的美妙境界。所以说，形体训练是一种美好和谐的运动，既锻炼身体又净化心灵。

### （二）感受愉悦，陶冶情操

形体训练在培养人们追求美、塑造美的形体的同时，还在提高艺术修养、陶冶高尚情操和培养审美趣味等方面，有着不可替代的重要作用。在现代社会里，人们利用闲暇时光积极投身于各种有利于健康的文化活动、健身运动。人们在亲身参加这些创造美的运动的过程中，把内心的美好情感充分地表现出来，并给自己的身心带来愉悦和审美感受，从而激发人们向往更高尚、更美好的境界，引导人们追求崇高理想。形体训练的这一功能光靠语言文字是难以完全表达的，只有自己积极参与，才能有这种感受。优美动人的外形，不仅营造了一个美好的氛围，而且使自己从外在形态直至精神内涵都能得到完善、陶冶，使自己变得更美好、更善良、更崇高。这种审美的感受在人们的社会实践和社会生活中起着巨大的作用，它促进人们全面发展，帮助人们改造现实，是人们自我锻炼、自我娱乐的最好形式。

### （三）美化社会，认识世界

形体训练的各个部分，从外部形态来看，是各种动作和姿态的交替展现；从内部结构上看，是一种以人体动态造型为主来表现和抒发人们美好情感的文化形式。人们在优美的音乐伴奏下，通过人体的律动，相互传达情感语言的信息，相互激励，追求美好，同时加深彼此之间的理解和融合，强化整体的凝聚力。

在当今时代，社会发展很快，对人才的综合素质要求越来越高。作为大学生，要使自己适应社会需求，在激烈的人才竞争中得到社会的认可，除了具备一定的专业知识和技能，还需拥有健美的形体和高雅的气质，以及具备现代人的举止礼仪风范。"形体塑造"课程正是本着这个目标而开设的，同学们在学习过程中可以进一步了解丰富多彩的社会生活，以及生活中人们的情感变化；可以正确认识现实生活，以健康的心态、健美的身体对待生活。

### （四）发扬传统，传承礼乐

中华文化长久以来的积淀，同儒家的礼乐文化有着千丝万缕的联系，礼乐文化既是纯粹的文化实践，也是一种根植于华夏儿女内心的价值观。通过形体训练，同学们可以做到举步矫健、四肢舒展、身体挺拔、仪态大方，心中充满美感，这就是形体艺术美育的作用。形体训练的内容丰富、形式新颖，训练项目的内在联系性较强，能相互促进，使学生的素养不断地深化提高，是一个有机的整体。只有全面地进行形体艺术训练，才能实现美育目标。美育既是现代人自身建设的一个重要方面，也是学校培养德、智、体、美、劳全面发展的一代新人的重要组成部分。它把一个人的社会性与生理性融合在一起，使一个人达到人生最高的境界。

## 第二节 女性形体结构

女性形体美的训练是和女性形体结构、生理特点分不开的，因此，同学们一定要在老师的指导下进行科学性的训练。

### 一、女性的体形划分

女性的体形千差万别，对于体形的分类世界上至今也没有特别科学和一致的方式。在目前流行的女性体形分类中，既有按照物体形状划分的苹果形、梨形、香蕉形、水桶形、沙漏形身材；也有按照几何形状划分的梯形、长方形、菱形、倒三角形身材；还有以英文字母形状为具象的 A 形、O 形、H 形、I 形、Y 形、X 形身材。不管以哪种方式进行分类，都基本上是按照拟物、拟形的原则。而最常用的则是以英文字母形状划分的六大体形。

#### （一）A 形

A 形或梨形身材的女性，臀部及大腿的围度较为突出，相对之下显得肩窄、腰细。这种体形多属于先天体形。

#### （二）O 形

O 形或苹果形，这是比较好判断的一种体形，判断的关键就是腰围。一般来说，若体重超过 60 千克、腰围超过 80 厘米，臀围相对比较小，一般都属于这种身材。O 形身材是典型的后天体形，较多地受到饮食和运动习惯的影响。从 35 岁开始，大部分女性的身材都会逐步往 O 形身材发展，只有保持良好的生活习惯，才能保持原有身材。对于 O 形身材的人来说，最大的健康风险是腹部堆积过多脂肪而导致的中心性肥胖，使患心脏病、糖尿病的风险大大增高。

#### （三）H 形

H 形身材的女性，三围缺乏曲线，尤其腰部曲线不明显。她们的腰、胸、臀三围的围度数值差不多，整体上看她们一般也比较瘦，一旦发胖会以身体中间部位如腹部发胖为主，从而增加患心脏病和糖尿病的风险。

**（四）I形**

I形身材的女性个子不算矮，但人非常消瘦，而且一般都有肩窄或者胯小的特征。与H形身材的女性一样，她们一旦发胖会以身体中间部位如腹部发胖为主，从而增加患心脏病和糖尿病的风险。

**（五）Y形**

Y形或倒三角形体形的特点比较明显，这种体形的女性肩部、背部较宽，胯窄，有时候胸部也比较丰满，腰围也不会太小。这种身材的人多为运动员，因为她们的体脂率较低，所以健康风险也较低。

**（六）X形**

X形或沙漏形身材通常被称为完美的身材，这种身材的女性各部分匀称，有较为丰满的胸部和臀部，腰围较小，腰部比较细而形成明显的腰线。由于腰围一般较小，即腹部只有较少的脂肪堆积，因此这种身材的人有健康风险的概率也较低。

## 二、表现女性形体美的身体部位

形体是由骨架决定的，骨架是由骨骼构成的，骨骼的生长发育对形体的影响很大。正常的脊柱弯曲度加上一个略短而纯圆的胸廓、大小适中而扁平的骨盆以及长短比例适中的上下肢骨，构成了匀称而协调的身材的雏形。

仅仅有副匀称而协调的骨架，如果肌肉、脂肪和皮肤失调，也显现不出体形的优美。所以，肌肉、脂肪和皮肤是决定体形美的重要因素。对女性来说，影响形体美的主要部位是胸部、腹部（腰腹部）、臀部、腿部等。皮肤状态也影响形体美。优美的女性自然形体体现为丰满的胸、较细的腰、适度的臀、匀称的四肢和红润的肤色。

**（一）胸部**

丰满的胸部是表现女性美的突出部位。女性胸部有与男性相同的胸大肌和胸小肌等，但其特殊之处是有发育的乳腺，以及包围在腺体四周的脂肪体和一些中间的结缔组织。因此，乳房是女性胸部的重要组成部分。发育成熟的乳房，以脂肪居多，而腺体较少，故脂肪的多少决定着乳房是否丰满和富有弹性。但是，过多的脂肪，特别是妇女在哺乳期，因饮食过多且好，容易发胖，乳房部位的脂肪堆积过剩，也会引起乳房下垂。乳房下垂又与有无发达的胸肌支持和固定乳房的韧带有直接关系。因此，胸部的锻炼对女性有着重要的意义。它既可以使乳房坚实，防止下垂，又可减少乳房脂肪过多堆积，从而增加胸部的美感。

**（二）腰腹部**

坚实、平坦而稍显纤细的腰腹部是大多女性所向往的。它不仅是形体优美的标志，还令人行动起来灵活潇洒。腰腹部的肌群介于骨盆和胸背之间，是人体的枢纽，乃一身之轴。

由于腰腹部的前、后、左、右体积、面积大，是人体皮下脂肪贮藏量最大的地方，因此容易导致大腹便便、臃肿难消，只有靠刻苦坚持做全身性的去脂训练（含腰腹部训练），才能使腰腹部坚实起来。腰腹部的形体练习，不仅可以锻炼腰腹部肌肉群、减少脂肪、健美形体，还可以改善内脏机能，因此对女性尤为重要。

**（三）臀部**

女性的臀部如过于肥大，则有损于形体美；若过于瘦小，也表现不出形体的曲线美。丰满而适中的臀部能表现出女性形体的协调和稳定之美。

臀之上连接于腰，下连接于腿，因而臀部肌群关系躯干和下肢的活动。臀部的表面是比较厚实的皮肤，皮肤的下面有丰富的腺；再下面便是脂肪，而脂肪在这里密实而厚，形成脂肪垫，是人体坐下时承受体重的部位；脂肪的深层便是肌肉了。臀部的大小除与骨盆的大小有关系外，还与密实而厚的脂肪垫有关系。一般较瘦小的女性，不但全身脂肪少，臀部的脂肪层也较薄，而肥胖者臀部的脂肪层则很厚。同时，由于臀部活动范围小，动作幅度不大，因此单靠臀部的运动来去脂减肥的效果就不会好，必须进行全身综合性的有氧训练，才能取得臀部减肥的效果。

**（四）腿部**

女性腿围的大小及与上体长度的比例对女性形体美有着重要的影响。优美的女性形体从骨架的比例上看，上肢长度应短于下肢，这样才能平衡、协调。即使是个子矮小的女性，只要上肢略短于下肢，也不会显得矮，而给人以协调、匀称之感。腿部的肌肉群比较多，其功能也比较多，腿部是女性较容易贮存脂肪的地方，特别是大腿。这就要求女性经常锻炼，多做跳跃和拉伸练习，保持腿部的健美。

**（五）皮肤**

光洁而细腻、柔软富有弹性、稍黑而红润的皮肤，特别是面部皮肤，无疑给人以健康的美感，皮肤在表现人体健美中起着重要的作用。优质的护肤膏对皮肤的细腻、光洁有良好的作用，轻柔的皮肤按摩则可促进局部血液循环，改善按摩部位皮肤的营养，所以深受女性的欢迎。

## 三、女性加强形体塑造的意义

女性形体塑造的意义主要是指形体塑造对女性的工作、健康以及创造快乐幸福生活的作用和价值。它主要表现在以下几个方面：

### （一）增强身体的灵活性

形体训练中的拉伸运动能够让身体充分地提高灵活性。女性经常性地做一些伸腿、弯腰动作，可以提高肌肉的伸缩性以及灵活性，坚持以往，会收到神奇的效果。

### （二）降低受伤的概率

专业化的形体训练可以让身体肌肉纤维预热，提高伸缩性，增加灵活性。试想一下，一根被拉得很紧的绳子，往往会比一根没有拉紧的绳子更容易断掉，我们身体的肌肉也是同样的道理，形体训练可以降低肌肉拉伤或疼痛性肌肉痉挛的概率。

### （三）纠正不良姿势

形体训练会帮助女性纠正日常养成的不正确的姿势。肌肉发紧和僵硬是造成不良姿势的元凶，如果长期采用不良的姿势，就会让人看起来不挺拔，严重的甚至会导致肩膀、背部的酸痛。形体训练可以帮助女性缓解肌肉紧张和僵硬，纠正不良姿势。

### （四）培养和提高审美能力

形体塑造有助于女性重塑自信、悦纳自己，满足女性对美的追求，有利于女性综合素养的提高，培养女性良好的个性，提高生活的质量和学习效率。尤其是未来走向职场时，端庄的仪表和良好的形体气质会成为加分项。

# 第三节 形体塑造的美育价值

“形体塑造”课程作为空中乘务专业的一门核心专业课程，其内容一直是美育的重要组成部分。肢体动作组合而成的舞蹈，作为动作的艺术，是在生活的基础上加以提炼、美化的，同时又是在鲜明的节奏规律中运行的，在优美的姿态中，抒发情感，表达一定的意志和愿望，反映一定的社会生活和思想内容，使人们在舞蹈活动中得到娱乐和教育。艺术家们从生活中提炼出素材，构思创作出立体鲜明的舞蹈艺术形象，意在激发人的情感活动，使人在产生愉悦的情感的同时，领悟真、善、美的真谛，从而起到净化思想、陶冶情操的教育效果。这种寓教育于舞蹈形式的美感教育就是舞蹈美育。

形体塑造过程是一种动态美的行为艺术的培养过程，同时也是一种美的教育过程。美育是人类自身建设的一个重要方面，它把一个人的社会性与生理性融合在心理中，使一个人达到最高的人生境界。肢体动作能够表达人们的思想感情，在形体教学中更能体现美育的特点，美育与舞蹈教学相辅相成。

## 一、美育工作的重要性

《关于全面加强和改进新时代学校美育工作的意见》提出“以提高学生审美和人文素养为目标……把美育纳入各级各类学校人才培养全过程，贯穿学校教育各学段”。美是纯洁道德、丰富精神的重要源泉，这一重要文件，明确了新时代学校美育工作为什么做、做什么、怎么做，强化了学校美育的育人功能，对引导全社会重视美育的价值、营造共同促进学校美育发展的社会氛围，具有重要的示范和带动意义。

### （一）形体塑造是美育教育的表达形式

筋骨的舒展本身就是人的一种对生命活力的呼唤。形体展示中的人体，作为艺术表现的物质媒介，较之普通人体具有更强的能力，比如软开能力、控制能力、弹跳能力、旋转能力、翻滚能力等。这些能力虽有先天的差异，但更多的是在后天的训练中获得的。健康的体魄是优美体态的基础，优美的体态又是健康身体的表现。对富有青春朝气的现代大学生来说，拥有健康的身体和优美的体态是同样重要的。特别是形体技能的训练对培养身体协调性、动作连贯性和音乐节奏感的特殊作用，会让健康的身体更加健美，会让生活变得更加美好。

### （二）形体美育教育在高校中的重要地位

形体美育对培养人的形象思维能力、直觉思维能力和开发人的智能，具有重大的作用。形体展示是以人体运动为媒介的传情达意的视觉艺术，运动的人体无疑是人的直觉力、创造力、想象力最典型的体现之一。所以，直觉与想象作为人的审美能力的表现，不仅是艺术欣赏和艺术创作中本质性的因素，也是人的能力结构中不可缺少的因素。

以由若干形体姿态组合而成的舞蹈为例：舞蹈是一种既具有独立性又具有综合性的艺术，与其他艺术和学科有着密切的关系。舞蹈美育对开阔学生的视野、扩大知识面有积极的作用。文学上的“文思”，在舞蹈创造中就是舞蹈家动作上的“意想”，音乐上的“乐思”和舞蹈上的“意想”也是有共同性的。而学生在学习、欣赏和表演不同种类的舞蹈时，如芭蕾舞、民族舞和古典舞等，不仅能获得这些舞蹈的可感形象，了解丰富的舞蹈内容，而且能感知推导出舞蹈的风格特点和各民族舞蹈所赖以产生并长期存在的地理环境因素、生活习俗和信仰、文化背景等条件。而这些知识的获得无疑开阔了学生的视野，扩大了学生的知识面。

### （三）形体美育在专业课中的重要作用

形体训练课程的美育功能体现于审美教育，即在道德品质和思想情操上给人以影响。许多教育工作者都有这样的感受：纯粹的说教和现身实践往往效果不一定很好，而将艺术的感染教育通过恰当的形式引入教学中，却能取得不错的功效。这是德育的一种典型教育方法即“自我教育法”。通过这种方法，学生能够自己辨别和感知。

## 二、美育与形体艺术

人们对美育这个概念的理解有广义和狭义之分。广义的美育，即通常所说的“审美教育”；狭义的美育，又称为“艺术教育”。持广义美育观点的人认为，美育不仅要以艺术教育为主，而且要渗透到心理教育、伦理教育及各门学科中去，借助社会生活、大自然中许多现实的美的形象对人们进行审美教育，使人们树立正确的审美观念、道德观念。美育的作用在于培养年轻一代对自然界、社会生活、日常生活、文学作品和艺术作品中美的感受，培养他们的审美情趣、审美观点和审美能力，并发展他们创造美的能力。

美育在构建人的个性的全面发展教育中，有独特的功能。美育的提倡是历史的必然要求，是社会文明与进步的标志。美育，是对人的心灵进行净化、对人的灵魂进行升华，使人获得对于美的正确认识，形成正确的美丑观，指引人进行审美活动的一门重要学科。对于美育的重要性，我国著名教育家蔡元培先生曾说：“吾人固不可不有一种普通职业，以应利用厚生之需要；而于工作的余暇，又不可不读文学、听音乐、参观美术馆，以谋知识与感情的调和。这样，才算是认识人生的价值了。”人生离不开欣赏美、追求美、创造美，在对美的不懈追求中实现人生的理想，完成自我的飞跃与发展。

学生可以通过形体姿态的表达展示自己，并在美的意境中享受形体美与生活美，以促进自身综合素质的提升。当代青年学生越来越注意自身的仪表美，而形体训练在对青年学生的形体美塑造以及风度气质培养方面起着很重要的作用。

在舞台上，舞蹈演员的匀称身材、优美形体常常令人羡慕，而校园中虽然也有不少形体匀称、仪态气质俱佳的人，但缩颈、伸脖、耸肩、塌腰、驼背、撅臀、内外八字步者也不乏其人。其实，多数不良体态是平时不注意形体锻炼、习惯于某种不正确的姿势而造成的。空中乘务专业的学生要训练“站立、挺直、收腹、昂胸、压肩、长颈，两眼平视，面露微笑”，这种训练使人有一定内在的、向上的挺拔之感。良好的姿态配合上音乐的旋律节拍舞动，其形态动作才能显得优雅大方。可见，形体训练教学在美育中有重要的作用，借助形体训练进行美育是十分必要的。

## 三、美育艺术的社会影响

党的十九届五中全会提出2035年基本实现社会主义现代化的远景目标，将我国“建成文化强国、教育强国、人才强国、体育强国、健康中国，国民素质和社会文明程度达到新高度，国家文化软实力显著增强”。

面对时代的审美变迁、传统价值观念与现代性思维的磨合与冲撞，现代人的审美观发生了很大的变化。生活节奏、思维理念、信仰爱好、审美需求、情感方式等都发生了全然不同的变化，这就迫使民族民间舞改变了传统的既成模式、创作思维、结构方式、舞蹈语言的表达，以一种新的审美原则和艺术原则展现在我们面前。在风格上不再沉迷于风格化，而是追求个性化、多样化、多变化；在造型上，不再以圆形线条和对称形为最美，而是喜欢错落有致的对比和不对称美；在肢体语言上，打破了程式化的动作线条，追求棱角分明，充分利用时间、空间的变化，动作新颖别致。

怎样更好地把民族民间舞发展下去，许多舞蹈编导想到了现代舞中很多很好的元素和风格，并恰当地融入进去，形成了“既是民族的更是世界的”的精辟观点。这些民族民间舞和现代舞的存活、发展、壮大，最终都是在自己的生活、时代、文化中，找到了属于自己的身体语言和表达方式。

## 本章小结

形体塑造是获得形体美和心灵美的主要途径。学生通过基础素质训练、技能技巧训练、健美协调训练和仪态训练等实训部分的练习，逐步具备现代人的优美外形和优雅的举止风范，从而培养和提高自己的审美意识和审美能力，发掘对美的丰富的想象力和创造力，为社会营造优雅、文明的文化环境，为弘扬中华民族的传统美德奠定良好的基础。

## 思考题

1. 什么是形体塑造？其特点是什么？
2. 形体美的定义和塑造形体美的基本要求是什么？
3. 简述美育工作的重要性。

## 实训项目

比一比：请同学们课后自行制定一张“体重卡”。在本学期里，每节形体塑造课结束后，对自己的体重进行测量，并认真记载体重变化。到期末让我们看一下，谁是体重保持得最好的同学？

# 第二章 形体训练基础

## 学前导读

柔韧、力量、耐力等素质既是空中乘务专业学生身体素质发展的基本要求，也是形体训练的重要内容之一。通过对肩、胸、腰、腿、胯等各部位进行训练，提高身体的柔韧性和挺拔的力度，塑造优美形体，增强体质，同时为提高形体的综合素质打下良好的基础。在形体素质训练中不仅应遵循由易到难、由简单到复杂、循序渐进的原则，还应做到因材施教、持之以恒，注意培养学生吃苦耐劳、克服困难的优良品质和团结协作的精神，以提高学生的综合素质。

## 知识目标

1. 掌握形体训练的规范准则和科学训练方法
2. 掌握力量训练应遵循的原则

## 能力目标

1. 培养和提高身体机能和塑美能力
2. 使自身条件得到完美提升，协调发展
3. 培养在动静结合的美态中表现音乐的能力

## 素养目标

1. 培养坚持不懈的意志
2. 增强体质，增进健康，从而获得综合美

# 第一节 手和脚的规范训练

本套形体动作具有规范、严谨的特点。通过科学的训练和指导，学生可掌握形体训练的基本方法，使身体能够完成形体美所要求的“开”“绷”“直”“立”的姿态，让身体各部分肌肉和关节的柔韧性与协调能力有机结合，逐渐形成一种从静止到运动中的向上提升、线条优美的完美体态。

基本的手、脚的规范训练能够促进身体各部位动作协调配合，并在运动过程中达到平稳，增强表现能力。

## 一、手的规范训练

### （一）手型

五指并拢，自然伸长，拇指和中指靠近并向下，其余手指向上翘起，五指间有空隙（如图 2－1 所示）。

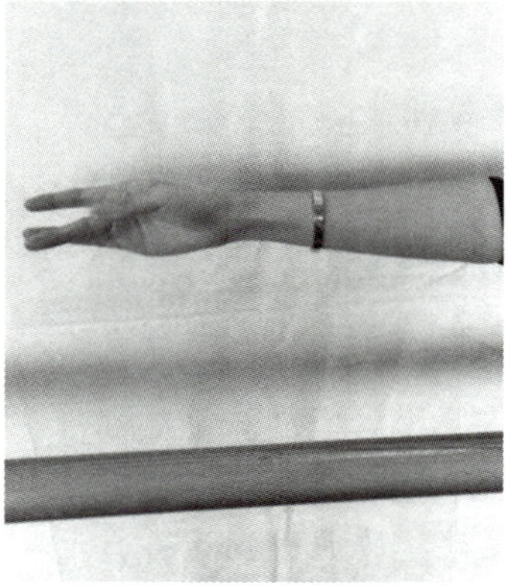

图 2－1　手型

### （二）手位

一位手（如图 2－2 所示）：在基本站立要求的基础上，双手在身前下垂，手臂略呈弧形，两臂合成一个圆形，肘关节略用力前顶，掌心朝上，两手手指相距一拳，手与身体也相距一拳。

二位手（如图 2－3 所示）：保持一位手的形态，两条手臂平平地向上端起，掌心对着胸口约第三个纽扣处，使肩到手指有一个下坡度，双臂仍保持一位手时的弧度，有一种合抱大树的感觉。

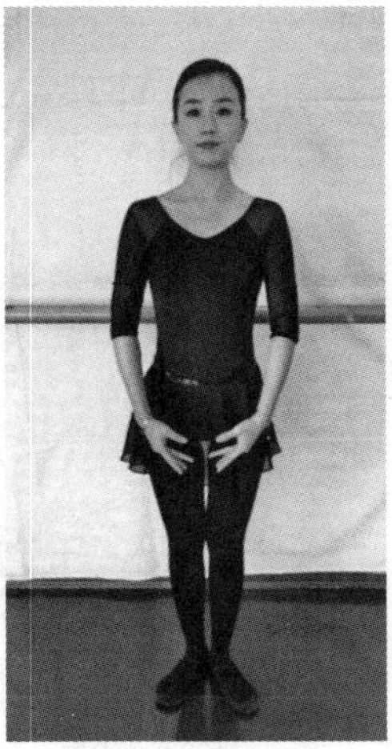

图 2－2　一位手

图 2－3　二位手

三位手（如图 2－4 所示）：保持二位手的形态，双臂同时向头顶（鼻子的上方）抬起，掌心朝头顶，肘关节略向后用力掰开，双臂仍保持弧形。

四位手（如图 2－5 所示）：一边手臂在三位手位置上，另一臂保持原有形态下降到二位手的位置。

图 2－4　三位手

图 2－5　四位手

五位手：停留在三位手的手臂仍保持不动，下降至二位手的手臂向外向旁扩张出去到正旁稍靠前，肘关节向上抬起，掌心向另一侧的斜前，从肩到手指也略有一点坡度。

六位手（如图 2－6 所示）：已打开到身旁的手臂保持不动，另一手臂从三位手的位置上，下降到二位手的位置上。

七位手（如图 2-7 所示）：原已打开的手臂仍保持不动，下降到二位手的手臂向外、向旁扩张出去到正旁。此时双臂都到了身旁，严防肘关节下坠，感觉好像几个人在围抱一棵更大圆周的大树一样。

图 2-6　六位手

图 2-7　七位手

从七位手回到一位手的做法：七位手随吸气使掌心朝下，然后双手稍往上抬，略高于肩，随着呼气使手腕下沉来带动手臂轻柔地下降，逐渐回到原一位手的手位上。

**实训提示：**

双手在变位的过程中，两手臂始终保持椭圆形，头、眼随手走，身体各部位相互协调配合。手、臂到位后，要保持规范姿态。练习时，运用内在力量，上身保持平稳，不要出现晃动。每一个手位要多控制几拍，反复练习。

方位　　手位

## 二、脚的规范训练

### （一）脚型

（1）勾脚（如图 2-8 所示）：脚尖向上，脚趾带动全脚尽力向上勾。

（2）绷脚（如图 2－9 所示）：脚趾带动脚尖尽力向下压，脚背绷直。

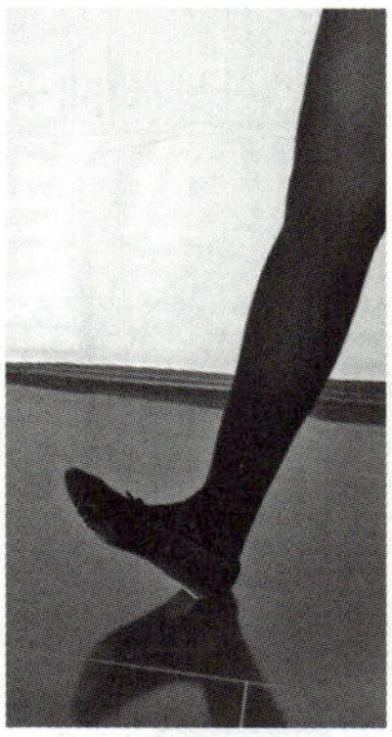

图 2－8　勾脚

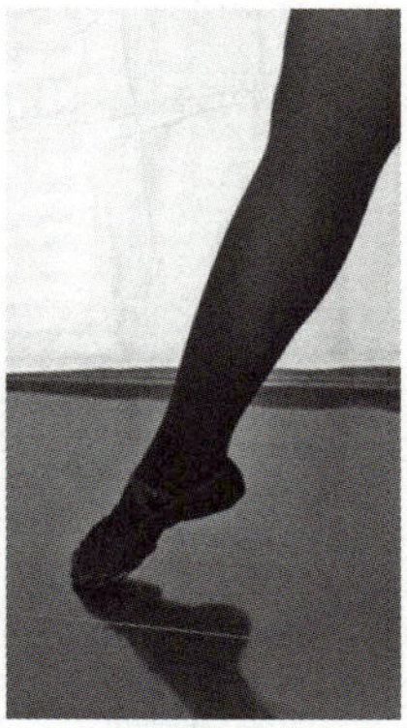

图 2－9　绷脚

### （二）脚的站位

（1）正步：两脚靠近，脚尖向正前方向，身体及头都向正前方向，重心在两脚上。

（2）小八字步（如图 2－10 所示）：两脚跟靠近，两脚尖分别向 2 点钟、10 点钟方向，重心在两脚上，眼看正前。

（3）大八字步（如图 2－11 所示）：在小八字步的基础上，两脚跟相距一脚半，重心在两脚中间。

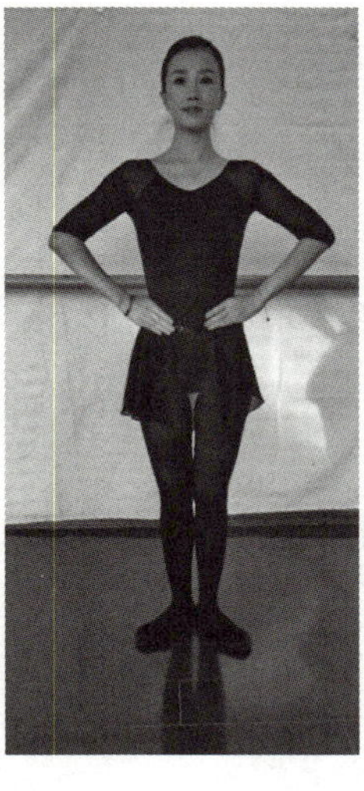

图 2－10　小八字步

图 2－11　大八字步

（4）丁字步：左脚在前，脚尖向 10 点钟方向，脚跟紧贴右脚窝处，右脚尖向 2 点钟方向，如“丁”字，重心在两脚上。

（5）芭蕾的五个基本脚位：

一位脚（如图 2－12 所示）：两脚跟靠拢，脚尖向两侧。

二位脚（如图 2－13 所示）：在一位脚的基础上，一只脚向旁迈出，两脚跟左右相距约一脚。

图 2－12　一位脚

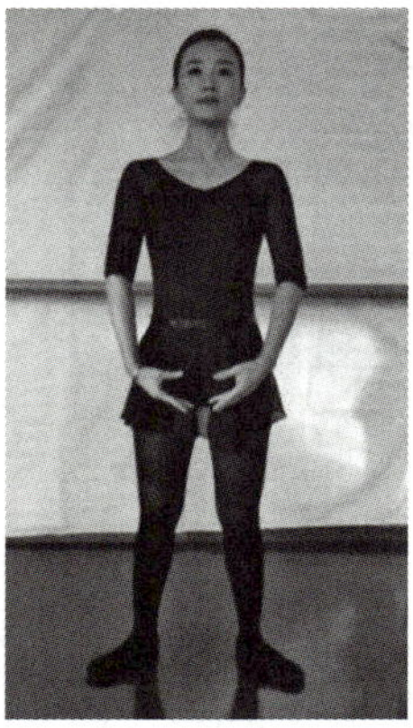

图 2－13　二位脚

脚位

三位脚：两脚尖向外，一脚脚跟靠在另一脚脚窝处。

四位脚：两脚前后平行，脚尖向两侧，两脚间距离约一脚。

五位脚：两脚前后平行相靠，脚尖向两侧。

动作要点：挺胸收腹，立腰紧臀，站立平稳，胯、膝关节充分外展，身体重心落在两脚上。

**实训提示：**

（1）在保持上身稳定的基础上，反复练习。

（2）脚位和脚型结合练习，注意身体重心的移动。

（3）手的姿态配合脚的位置进行练习，以保持平衡与优美的形态。

## 第二节　腿部动作

### 一、踢腿练习

腿部动作是指由髋、膝、踝、趾关节协调配合所完成的动作。它是控制身体重心稳定及姿态美的关键。典型动作有摆动和移重心等动作。通过腿部动作的练习，学生可以发展下肢各关节的灵活性、柔韧性、弹性及力量，建立正确的肌肉感觉，提高腿部动作的准确性和美感。

（1）一手扶把杆，一手叉腰向前、侧、后等方向踢腿（如图 2－14 所示）。

（2）双臂向前，掌心向下，双腿或单腿全脚掌着地或提踵做有节奏的弹性屈伸（如图 2－15 所示）。

**图 2－14　踢腿**

**图 2－15　提踵**

（3）一手扶把杆，一手叉腰向前、后、左、右移重心练习（如图 2－16 所示）。

**图 2－16　移重心**

实训提示：

（1）小踢腿动作要绷脚，速度较快，有一定的爆发力。

（2）踢出一拍完成，再控制一拍，收回，控制好上身和胯不要晃动。

（3）大踢腿难度大，爆发力强，支撑腿要用力站住，上身直立，不要摇晃。

踢腿

（4）踢前腿、旁腿时，用脚背绷直的力量带动腿，尽量向上、向远踢，胯、上身要正，保持平稳。踢后腿时，上身直立，用大腿根的力量带动腿向正后上方踢。

## 二、躯干运动

躯干动作是指由脊柱各关节同向或反向弯曲或扭转所完成的动作。躯干是头和四肢的连接和主导。躯干动作增强了人体中间部位的表现力，最能表现多曲线的动作造型。典型动作主要有躯干弯曲、绕环及波浪动作。通过躯干练习，学生可以发展胸、腰、髋的柔韧性、协调性和灵活性，使动作的幅度增大、身体动作的艺术表现力增强。

（1）站姿，做向前、向侧、向后弯曲练习，也可以坐姿或跪姿做动作（如图 2－17 所示）。

（2）站姿，腰绕环，也可以双腿或单腿跪立做动作。

（3）盘腿坐好，双手放在膝盖上，头、颈、背、腰立直，头向后仰（见图 2－18）。

图 2－17　侧弯

图 2－18　仰头

（4）头颈背腰立直，坐正，上身活动路线为慢慢向前，再立直（见图 2－19）。

**实训提示：**

（1）腰划圈时，支撑腿用力抓住地板，胯部和上身要正。

（2）下前腰时，背拉直，上身前俯，膝直，尽量胸触地。

（3）下后腰时，挺胸，立腰，上身尽量向后、向远方伸展。

（4）下旁腰时，侧抬头，背伸直，以腰为轴，上身尽量侧屈。

图 2－19　上身前倾练习

## 三、走类动作

走类动作是指由两腿交替支撑使身体产生位移的基本走步及舞步移动动作，如图 2－20 所示。走类动作丰富多彩，各具特色，具有较强的表现力和连接功能。典型动作有柔软步、足尖步、滚动步、弹簧步、交换步、华尔兹步等。学生通过各种走类动作可以培养协调性、节奏感及表现力。

图 2－20　走类动作

## 四、跑类动作

跑类动作是指由两腿交替支撑而产生位移并有一定腾空过程的动作，如图 2－21 所示。它们具有热身、准备跳跃、快速转体及连接动作等作用。典型动作主要有碎步跑、小步跑、大步跑、高抬腿跑等。通过跑类动作的练习，学生可以提高弹跳能力、速度及力量等素质。

图 2－21　跑类动作

# 第三节 跳跃练习

## 一、跳跃动作

跳跃动作是指克服身体重力腾空而起，在空中停留或飞行一定距离的动作，如图 2-22 所示。它是形体训练最鲜明的技术动作之一。典型动作有单腿跳、双腿跳、并步跳、交换腿跳、跨跳等。跳步动作的形式多种多样，既可以是单腿或双腿起跳，也可以是原地或移动或跳起腾空转体等。根据跳起空中的幅度还可以分为小跳、中跳、大跳。跳步练习可以提高弹跳、速度、力量及耐力等素质。

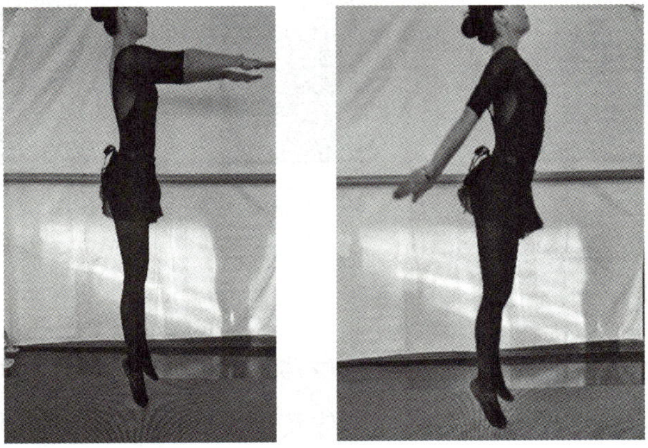

图 2-22 跳跃动作

## 二、平衡动作

平衡动作是指以身体某一部位为支撑点，保持一定姿态的静止动作。它是衡量身体控制能力及构成难度动作的重要内容。平衡动作的形式多种多样，可以是单脚、双脚或身体其他部位（膝、臀等）支撑在地面上的动作。通过平衡动作的练习，学生可以加强肌肉协调性及特殊控制能力。

实训提示：

（1）跳起时上身直立，落地时支撑腿重心要稳，保持姿态，不要松懈，立腰，背拉直。

（2）起跳时，要用腿部力量带动脚推地而起。

（3）落地时，前脚掌先着地，压脚跟，半蹲，动作和姿态造型要有连贯性，膝盖和踝关节要有柔韧性。

## 本章小结

本章的练习对增强关节的灵活性、肌肉的弹性和自如的反应能力很有益处，而且可以为塑造健美的形体打好基础。学生在愉快的乐曲中进行集体训练，既可以增强集体意识，又可以展示美的仪表和健康挺拔的体态；既缓解了学习压力，又找到了展示自我的空间。学生能在训练中提高个人的模仿能力，开展丰富的想象，通过感悟去表现自己。形体训练的过程也是综合能力提高的过程。

## 思考题

1. 形体训练的作用是什么？
2. 什么是平衡动作？

## 实训项目

1. 根据自身条件制订训练计划。
2. 一周两次进行基本技能动作及组合训练。
3. 尝试自编形体训练组合。

# 第三章 把杆基本技能训练

## 学前导读

把杆基本技能训练主要是借助把杆的支撑力量，单手扶把，完成身体各部分机能的训练。把杆基本技能训练能够塑造优美的姿态造型，促进力量、协调性等发展，提高形体的控制能力，是形体训练必不可少的重要环节。

## 知识目标

1. 了解把杆技能的规范准则
2. 掌握把杆训练的科学方法
3. 掌握把杆掌控力训练应遵循的原则

## 能力目标

1. 培养身体的控制力
2. 使自身条件得到完美提升
3. 培养利用把杆表现音乐的能力

## 素养目标

1. 懂得力与美的重要性
2. 身体各部分肌肉和关节的柔韧性与能力有机结合，逐渐形成一种健康美

# 第一节　擦　地

## 一、起踵

音乐：2/4 拍。

准备：双手扶把，一位站立。

第 1～4 小节：第 1～4 拍双脚跟慢提起，脚尖着地。第 5～8 拍，立踵控制，慢慢还原（如图 3－1 所示）。

第 5～8 小节：动作同第 1～4 小节。

第 9～12 小节：左脚旁移一步成二位脚（如图 3－2 所示）。

第 13～16 小节：动作同第 1～4 小节。

第 17～20 小节：右脚向左脚前上一步成五位脚（如图 3－3 所示）。

第 21～24 小节：动作同第 1～4 小节。

结束音乐：收回至一位脚。

图 3－1　起踵 1

图 3－2　起踵 2

图 3－3　起踵 3

**实训提示：**

（1）起踵时双脚跟尽量上提，脚尖用力向上顶，腿、胯部肌肉收紧，双肩放松。

（2）速度应均匀，重心往上，控制身体平稳，立起、落下要稍慢。

（3）还原时身体重量落在脚掌上，保持上身不松弛。

## 二、擦地

音乐：2/4 拍。

准备：左手扶把，右手一位，五位站立。

准备拍（2 小节）：右手打开至七位。

第 1～2 小节：第 1～2 拍，右脚向前擦出，脚尖点地（如图 3－4 所示）。第 3～4 拍，右脚收回成五位脚（右脚在前）。

第 3～4 小节：动作同第 1～2 小节。

第 5～6 小节：第 1～2 拍，右脚向右旁擦出，脚尖点地（如图 3－5 所示）。第 3～4 拍，右脚收回成前五位脚。

第 7～8 小节：动作同第 5～6 小节，收回成后五位脚（右脚在后）。

第 9～10 小节：第 1～2 拍，右脚向后擦出，脚尖点地（如图 3－6 所示）。第 3～4 拍，右脚收回成后五位脚。

第 11～12 小节：动作同第 9～10 小节。

第 13～16 小节：动作同第 5～8 小节；其中第 7～8 拍，右脚收回成前五位脚，双脚立起左转体 180°，同时左手离开把杆打开成七位，右手收回扶把，双脚落成左脚在前五位脚。

第 17～28 小节：以左脚为动力腿，动作同第 1～12 小节。

结束拍（2 小节）：手、脚收回至一位。

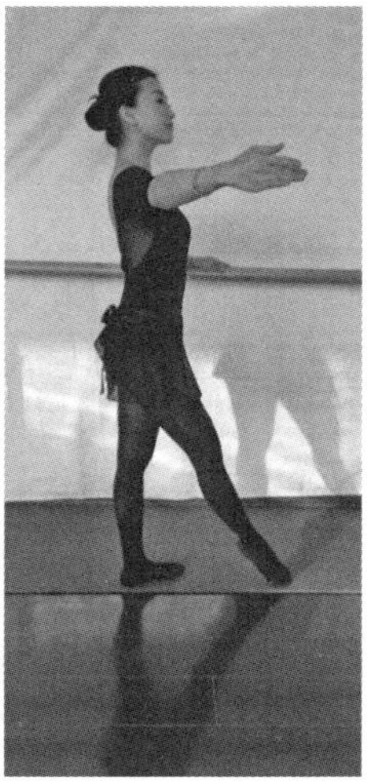

图 3－4　擦地 1

图 3－5　擦地 2

图 3－6　擦地 3

**实训提示：**

擦地、绷脚可以在一位脚或五位脚的位置上做，动作腿尽量向远、向下延伸，绷脚背，立脚趾。

固定好重心和臀部，身体不要跟着动作腿晃动。前擦地脚跟先行，收回时脚尖带回；后擦地则相反，保持开度。

## 第二节 把杆下腰

### 一、蹲

音乐：4/4 拍。

准备：左手扶把，右手一位，一位站立。

准备拍（1 小节）：右手打开至七位。

第 1～4 小节：第 1～2 小节半蹲（如图 3－7 所示），第 3～4 小节回原位。

第 5～8 小节：动作同第 1～4 小节。

第 9～12 小节：第 9～10 小节右手打开至六位，全蹲（如图 3－8 所示），第 11～12 小节回原位。

第 13～16 小节：动作同第 9～12 小节。

第 17～20 小节：右脚旁擦地，成二位脚。

第 21～24 小节：第 21～22 小节右手打开至七位，半蹲（如图 3－9 所示），第 23～24 小节回原位。

第 25～28 小节：动作同第 21～24 小节。

第 29～32 小节：右脚收回成前五位脚（右脚在前）。

第 33～36 小节：第 33～34 小节右手打开至七位，半蹲（如图 3－7 所示），第 35～36 小节回原位。

第 37～40 小节：动作同第 33～36 小节。

第 41～44 小节：第 41～42 小节右手打开至六位，全蹲（如图 3－8 所示），第 43～44 小节回原位。

第 45～46 小节：动作同第 41～44 小节。

结束拍（2 小节）：手、脚收回至一位。

图 3-7　蹲 1

图 3-8　蹲 2

图 3-9　蹲 3

**实训提示：**

（1）全蹲时可稍抬脚跟，注意胯、膝、脚尖的开度。

（2）蹲、起速度要稍慢、均匀，后背挺直。

## 二、下腰

音乐：3/4 拍。

准备：左手扶把，右手一位，五位站立。

准备拍（1 小节）：右手打开至七位。

第 1 小节：右脚前擦地，经旁向后画圈至后点地，收回至一位。

第 2 小节：动作同第 1 小节。

第 3～4 小节：动作同第 1～2 小节反向画圈两次。

第 5 小节：右手收回至二位下前腰（如图 3-10 所示）。

第 6 小节：上身慢直立还原，手抬至三位后打开至七位。

第 7 小节：双脚立起，下后腰（如图 3-11 所示）。

第 8 小节：脚落下，上身慢直立，还原。

第 9 小节：右手经二位至三位，向左下旁腰。

第 10 小节：上身立直还原，右手打开至七位。

第 11 小节：右脚打开至二位，左手离开把杆经二位抬至三位。

第 12 小节：左脚尖点地向右下腰。

第 13 小节：上身立直还原。

第 14 小节：左手下落扶把，右脚收回成五位。

结束拍（1 小节），右手收回至一位。

图 3－10　下前腰

图 3－11　下后腰

**实训提示：**

（1）画圈时，支撑腿用力抓住地板，胯部和上身要正。

（2）下前腰时，背拉直，上身前俯，膝直，尽量胸触地。

（3）下后腰时，挺胸，立腰，上身尽量向后、向远方伸展。

（4）下旁腰时，侧抬头，背伸直，以腰为轴，上身尽量侧屈。

## 第三节　把杆踢腿

### 一、压腿

音乐：3/4 拍。

准备：左手扶把，右手一位，五位站立。

准备拍（1 小节）：右手经二位至三位，右腿经前吸腿，伸直放在把杆上。

第 1～2 小节：第 1 小节前压腿（如图 3－12 所示），第 2 小节控制 2 拍，还原。

第 3～4 小节：动作同第 1～2 小节。

第 5～6 小节：第 5 小节，左转身 45°面向把杆，右手扶把，左手三位。第 6 小节，右腿外旋转侧耗腿。

第 7～8 小节：第 7 小节旁压腿（如图 3－13 所示），第 8 小节控制 2 拍，上身还原。

图 3-12　前压腿

图 3-13　旁压腿

第 9～10 小节：动作同第 7～8 小节。

第 11～12 小节：左转身 90°，成右后腿，右手七位。

第 13～14 小节：第 13 小节，支撑腿屈膝半蹲。第 14 小节，再重复做一次。

第 15～16 小节：双手同时收回经二位至三位，第 15 小节上身后屈压后腿。第 16 小节控制 2 拍，上身还原。

第 17～18 小节：动作同第 15～16 小节。

第 19～20 小节：右腿经旁腿收回成后五位，右手扶把，左手收回至一位。

第 21～40 小节：动作同第 1～20 小节。

**实训提示：**

（1）压腿时，动作腿要伸直，绷脚，上身直立，前压时胸贴大腿，旁压时肩和身体外侧贴在大腿上，后压时上身尽量向后屈。

（2）压腿、耗腿、控腿时，保持胯正，立腰立背。

## 二、小踢腿

音乐：2/4 拍。

准备：左手扶把，右手一位，五位站立。

准备拍（2 小节）：右手打开至七位。

第 1～2 小节：第 1～2 拍，右脚向前踢出 25°（如图 3-14 所示）。第 3～4 拍，右脚收回至前五位（左脚在前）。

第 3～4 小节：动作同第 1～2 小节。

第 5～6 小节：第 1～2 拍，右脚向旁踢出 25°（如图 3－15 所示）。第 3～4 拍，右脚收回至前五位。

图 3－14　小踢腿 1

图 3－15　小踢腿 2

第 7～8 小节：动作同第 5～6 小节。

第 9～10 小节：第 1～2 拍，右脚向后踢出 25°。第 3～4 拍，右脚收回至后五位（右脚在后）。

第 11～12 小节：动作同第 9～10 小节。

第 13～16 小节：动作同第 5～8 小节，第 16 小节第 7～8 拍，右脚收回至前五位同时立起，左转 180°，左手离开把杆打开至七位，右手收回扶把，脚跟落地或左脚至前五位（右脚在前）。

第 17～28 小节：左腿为动作腿，动作同第 1～12 小节。

结束拍（2 小节）：左手收回至一位。

**实训提示：**

（1）小踢腿动作经擦地向空中踢起 25°，绷脚，速度要较快，有一定的爆发力。

（2）踢出一拍完成，再控制一拍收回，控制好上身和胯不要晃动。

**知识链接**

## 著名芭蕾舞者谭元元

谭元元，年少时考入上海芭蕾舞学校。她是担任旧金山芭蕾舞团主演演员的唯一华人，是参加捷克布拉格“世界明星汇演”的第一位亚洲人。她 11 岁考入上海芭蕾舞学校，14 岁在芬兰第一次崭露头角，15 岁参加在法国巴黎举行的第五届国际芭蕾舞比赛。从德国斯图加特芭蕾舞团的进修生到美国旧金山芭蕾舞团的独舞演员、主要演员，最终成为首席，谭元元只用了几年时间。

芭蕾舞

平常总挽一个清爽的发髻，行走时脖子像天鹅一样颀长而挺直，脚上、身上有些伤，喜欢穿软软的、旧旧的芭蕾舞鞋，在世界各地顶尖舞者云集的旧金山芭蕾舞团，谭元元大致就是这样子。她担纲了许多经典剧目。演出季里，她每周跳坏舞鞋 4～5 双。

## 本章小结

把杆基本技能训练可以塑造健美的形体，锻炼较好的身体协调能力，为其他舞蹈艺术创编打好基础。学生能在训练中提高个人的模仿能力，展开丰富的想象和调动对事物的感悟来表现动作的内涵。

## 思考题

1. 把杆擦地训练需要注意的事项有哪些？
2. 把杆下腰训练需要注意的事项有哪些？
3. 把杆踢腿训练需要注意的事项有哪些？

## 实训项目

1. 利用把杆下腰来锻炼腰腹核心力量。
2. 一周两次进行压腿、踢腿基本技能动作及组合训练。
3. 尝试自编把杆基本技能训练组合。

第四章

# 古典舞素质训练

## 学前导读

中国是礼仪之邦，自古以来礼乐思想都是合为一体、不可分割的。礼是天之经、地之义，是天地间最重要的秩序和仪则之一。“礼”本身是一套动作，按照一定的程序，身体做进、退、出、入、俯、仰等动作组合，所有动作都要合着音乐的节奏而进行。“乐”是天地间的美妙声音。在中国舞蹈发展史上，人们一直都重视乐舞的教育功能，以此来推行政治性社会的礼仪化道路。

中国古典舞是以民族为主体，以戏曲、武术等民族美学为基础，吸收借鉴芭蕾等外来艺术的有益部分，所形成的独立的具有民族性、时代性的舞种和体系。在中国古典舞的动作和元素中，包含着中国传统礼乐文化精神。本章主要是从中国传统礼乐文化与古典舞课堂教学相融合的角度，让学生加深对古典舞蹈文化内涵的理解，注重提升学生的人文素质，增强学生对传统礼乐文化的归属感。

## 知识目标

1. 了解中华优秀传统文化中的礼乐思想
2. 掌握中国古典舞的风貌及精髓
3. 掌握中国古典舞的规范、技术、技巧
4. 掌握中国古典舞动作的表现力

## 能力目标

1. 在训练过程中掌握动作的灵活性和节奏感
2. 培养肢体动作与情感表达和谐一致的能力
3. 提高艺术鉴赏力和审美能力

## 素养目标

1. 培养良好的舞蹈修养和求实创新精神
2. 营造健康优雅的艺术氛围，提高艺术文化素质
3. 强化心灵美与动作美的统一，做好美育教育

# 第一节 礼乐文化概述

礼乐思想是古时人们心目中合理的秩序，是人生存于其中又受其规范的生存理念。礼乐思想既具有政治功能又具有教育功能，通过教育来塑造符合社会要求的人。孔子注重礼乐教化对培养理想人格的作用，继承并发展了周代的教育方式，开创了私学，赋予了礼乐文化精神层面的基础，突出了其对人的情感和意志的影响和作用。“礼”规范了人们的等级关系，而“乐”（包括诗、歌、舞等）则通过作用于人的情感、心灵来调和人们之间的关系，以达到“礼”与“乐”的和谐统一。

礼乐思想作为理想人格的外在规定，既有现实性又有超越性，其本质是两者的结合。孔子所追求的理想人格的外在规定，即礼乐，要受到其内在规定也就是“仁”的制约，可以说“仁”是礼乐的真正精神内涵，不论礼乐的具体形式如何变化，其精神实质是不变的。

首先，礼乐思想是为人而设，其最基本的功能是规范人的情感和行为，因此礼乐必然是体现仁的礼乐。内在的仁外显为礼乐，外在的礼乐体现、维护内在的仁，这样礼乐才能真正成为人的文明形态。人在精神修养的整个过程中，都从礼乐文化中吸收营养、得到帮助。

其次，孔子将礼乐纳入到理想人格之中，使礼乐与仁融为一体，从而使礼乐具有了超越性。礼乐与仁融为一体就是礼乐的内化和仁的外化的双向过程。礼和乐分别对人的行为和情感进行规定，前者体现为“无过无不及”的中庸之道，后者体现为和谐之境。礼乐文化就是以中庸致和谐的超越的文化形态。

最后，礼乐虽然脱胎于原始宗教，但在孔子那里已经基本消除了宗教品格，因此其超越性不是宗教的超越性，而是审美的超越性。孔子认为人能够在现实生活中获得至乐，这种乐不是容易流于无节制的感官之乐，而是立足于现实生活又超越现实生活的审美愉悦。

## 一、“礼乐”思想

“礼”是周初确定的一整套典章、制度、规矩、仪节。它的一个基本特征是原始巫术礼仪基础上的晚期氏族体系的规范化和系统化，其体制的上层建筑和意识形态直接从原始文化延续而来。也就是说，周公将从远古到殷商的原始礼仪加以大规模的整理、改造和规范化，以适应早期奴隶制的阶级统治。这在当时是个十分重要的变革。

“乐”在中国古代是指诗歌、音乐、舞蹈三位一体的艺术，与今天单纯意义上的“音乐”概念不同。周初统治者的“制礼作乐”，是想用礼乐互补的方式来治国治民，以保持社会有序。因为“乐”与“礼”之间有一种自身的、内在的联系。

礼、乐各自的功能不同，二者之间存在着相互补充、相互制约的关系。这种关系一言以蔽之，即以“礼”来区别等级贵贱，以“乐”来协调人际关系和情感。一如《礼记·乐记》云：“礼义立则贵贱等矣；乐文同则上下和矣。”乐是从内部不加强制地去作用于人的情感、感发人的心灵、启发人“仁”的天性，“仁”是礼乐思想的升华，它是以启发诱导而不是教训说理来陶冶、培养人的向善之心。“乐”的这种“治心”作用是从外部规范人的行为，这是“礼”所达不到的。反之，欲使人们相互间既不失仁爱又不轻慢，并保持其等级严明，就必须施以“礼”。

《周礼》规定：“正乐县之位，王宫县，诸侯轩县，卿大夫判县，士特县，辨其声。”“乐”显然是体现“礼”的一种手段。所以，“礼”离不开“乐”，通过“乐”而导向“礼”，使“礼”得到最好的施行；然而“乐”的使用又不能超出“礼”的范围，要受“礼”的节制，此所谓“乐者为同，礼者为异。同则相亲，异则相敬。乐胜则流，礼胜则离。合情饰貌者，礼、乐之事也。……乐者，天地之和也；礼者，天地之序也。和，故百物皆化；序，故群物皆别。”（《礼记·乐记》）

所以说，西周的“制礼作乐”是指通过礼乐的并举，促使社会的外在规范最终化为人们内在心灵的愉快和满足，从而产生强烈的社会情感力量，以至影响整个社会生活，实现群体的和谐与社会稳定，达到天下大治。

## 二、中国古典舞蹈的礼法意识

舞蹈的本质是人心所感。外界事物激动了人心，从而表达出声音。有规律的声音就是乐，而与乐相配合的舞蹈就是乐舞。可以说，对于舞蹈的认识，从一开始就坚持了反映论。另外，儒家还认为乐与政是相通的：“是故治世之音安以乐，其政和；乱世之音怨以怒，其政乖；亡国之音哀以思，其民困。声音之道，与政通矣。”孔子坚持的是一种人生的艺术，对于音乐和舞蹈的重视，是与孔子求仁的理想分不开的，因为舞蹈就是要坚持美与善、仁与乐的统一，所谓“兴于《诗》，立于礼，成于乐”，通过音乐和舞蹈来陶冶人的性情、规范人的行为。

考察中国舞蹈中的礼法意识，不仅要从其根源、礼规中寻求答案，而且要看古代思想家、评论家是如何表述的。许多专家学者认为儒家学派是最为重视乐舞中的礼法意识的，也正因为如此，儒家学派的乐舞观亦称为礼乐观。礼乐观在先秦主要是由孔子的“乐则《韶》舞”的乐舞观、孟子的“与民同乐”乐舞观、荀子的“乐得其道”的乐舞观传承并发扬光大的。

从社会文化形态的角度来看舞蹈文化，可以认为，我国历史上曾经存在过的宫廷舞蹈均属于“中国古典舞”的范畴。尽管它们的结构形态已不复存在，但它们无疑是其所从属时代之文化精神的典型体现。自古以来，祈天祭祖就是中国古代国政中的一项重要内容。《左传》云：“国之大事，在祀与戎。”将祭天祀祖与保家卫国相提并论，足见祭祀在国家政治生活中的重要位置。而在祭祀活动中，舞蹈又是必行的程序和内容，因此一直为历代王朝所重视。尤其是在春秋大祭之时，往往由皇帝亲率群臣祭祀，为表明祭祀之虔诚隆重，用舞就更加讲究、更为严肃规范。

由此可知，祭祀礼仪性雅乐舞是古代社会生活的组成部分。它与国家政治活动密切相关，发挥着特殊的作用。因此，无论在什么朝代，雅乐舞都从未丧失重要地位，即使它在形式上千篇一律，历代朝廷仍乐此不疲，代代承袭，这就是为什么即使到了明清时期，宫廷舞蹈已远没有唐宋时期的规模和气象，但是祭祀礼仪性雅乐舞仍然“好景常在”的根源所在。

## 三、“礼乐”思想下的中国古典舞形态

“礼乐”思想如何过渡到现在的中国古典舞中，这其间的最根本依据是传统。发展传统、扎根传统、热爱传统是根本，也是进行实践的途径和手段。我们现在的古典舞，不是原来的古代传统舞蹈，因为我们根本没有可能性及条件将古代传统舞蹈原封不动地进行保存和传承。

现在的古典舞，是后来人对传统舞蹈的认识、继承和重建，是从戏曲和一些尚存的中国古代雅乐、礼乐、女乐等史料记载中汲取元素再造的。这就意味着中国古典舞的舞蹈形式积淀着厚重的中华优秀传统文化和人文气质，成为中华民族传统礼乐精神的一种具有典型意义的学术建设和展示。它如同其他中华优秀传统文化那样意蕴悠

长、耐人寻味，能够让人在观赏后仍能感受到余韵“绕梁三日”而不止的惬意。

周代的宫廷舞蹈有明显的功利目的，礼祀上帝先祖、教习氏族贵胄，为“礼乐舞蹈”。

汉代的宫廷舞蹈不再以娱神为主，而是回到以娱人为主，女巫成为女乐；从循礼走向重艺——重艺之“技”与重艺之“色”，为“女乐舞蹈”。

魏晋的宫廷舞蹈带有浓厚的超然脱俗、寻求方外之趣的特点，因此被称为“仙乐舞蹈”。女乐舞蹈与仙乐舞蹈虽风格迥异，但在礼乐文明的框架下形成了微妙的共生关系。前者以柔美婉约的姿态维护现世秩序，后者以神秘庄严的仪式沟通天地神灵，二者共同构成了古人“神人以和”的文化理想。

唐代的宫廷舞蹈通常以“宴乐舞蹈”为典型，即主要在宴会中助兴的舞蹈。但初唐的“宴乐舞蹈”与中唐、晚唐的差异较大。初唐以“十部乐”助兴，拥天下来朝之泱泱大风，中唐、晚唐以“健舞”“软舞”助兴。

宋代在“健舞”“软舞”的基调上振兴，将小型娱乐性舞蹈编成“队舞”。“队舞”作为宋代宫廷舞蹈的主要样式，似有一种在文化上包揽先朝舞蹈的意思，或可称“广乐舞蹈”。可以说，宋代“队舞”已是一种综合表演艺术形态。

明清宫廷不设乐府、教坊等乐舞管理机构。当时文人士大夫有蓄养歌舞女伎之习，其歌舞被唤为“家乐”。“家乐舞蹈”虽可现“女乐”风，却难符“古典”义。同期“戏曲舞蹈”生发，形式主要为舞蹈性较强的折子戏，跟随戏曲艺术屡入宫廷戏台，深入大雅，行当专属性与语言描述性兼具。

中国古典舞的寻源不仅是为了考古，更多的是从传承的视角，在原有古典舞多流派的基础上，去考察能代表中国古典舞风格特征和结构形式并涵盖其美学追求的体系，同时，以发展的眼光，伴随时代发展的步伐，在寻源中使中国古典舞真正不成为古代舞蹈，也不被别的舞种所同化。戏曲、舞蹈，包括一直以来古典舞中所形成的“汉唐舞”“敦煌舞”学派风格，是较为完整的古典舞流派，各自都有属于自己的文化基础和时代烙印，但它们只是中国古典舞的一部分而非全部，是“支流”而非“源流”。

## 四、“礼乐”文化在古典舞中的体现与积极作用

### （一）“礼乐”文化在古典舞中的体现

西周礼乐制度到春秋战国时期已经基本瓦解，但由于以孔子为代表的先秦儒家对西周礼乐作了理论上的阐发，从而使礼乐精神在思想领域重放异彩。儒家的礼乐学说

是对礼乐本质的理性思考，是从伦理学和哲学的角度对礼乐所做的思辨性解释，这种理论对中华民族的社会心理和文化心态产生了深刻影响。

孔子并不很重视礼乐的外在形式，而更注重礼乐的内在精神。“人而不仁，如礼何？人而不仁，如乐何?”是将礼和乐的精神归结为“仁”。“仁”就是仁爱之心，为君者要行仁德之政，为民者要有亲孝之情，这既是孔子一生所推崇的社会道德标准，也是要通过人的道德的内省来达到社会和谐的理想状态。他把这种社会伦理“仁”与意识形态的社会实践（礼乐）合二为一，把以“仁”为核心的礼乐精神引向人的内心世界，用它来内以建立个人的崇高的人格，外以谋求社会的普及的幸福。

这样就使礼乐制度合情化、合理化，使礼乐在伦理价值和道德规范的支持下获得了普遍的社会意义，从而也就把原来是外在的强制性的规范改变为内在的主动性的欲求。

儒家“礼乐”思想对舞蹈的审美要求是“尽善尽美”。可以这样说，孔子及后来的儒家学者所说的礼乐，强调的是“礼”，即舞蹈的教化作用，而并非自然；但从另外一方面看，孔子之所以把礼乐并提，是因为他了解人的自然本性可以以乐教化，即能通过“乐和”引导“人和”。从这种人文精神出发，儒家的治世方略、对人类的生存发展和幸福的谋求、理想的创构等，从不寄希望于宗教鬼怪，而是坚信人类自己所创造的礼乐文化才是文明进步的根本途径。中国古代的礼乐文化，经过长期发展，形成了一些很好的传统，比如讲究礼仪、重视德行、文艺发达，并且总是追求社会生活的既有序又有活力。

**（二）“礼乐”文化在中国古典舞发展中的积极作用**

中国舞蹈作为当代舞蹈领域中一个非常重要的、客观存在的实体，已经形成了自己独有的舞蹈语言、技巧规范和美学特征，并孕育着极强的生命力和深厚的民族文化。

早在西周年间，西周政权吸取前代经验教训，在因袭夏、商礼仪乐制的基础上，增订修改，制定了一整套礼乐制度，即所盛传的周公“制礼作乐”。周代的礼乐制度继承了夏商时期的乐舞文化，建立了明确的宫廷雅乐体系，组织了初具规模的乐舞机构——大司乐，规定了音乐舞蹈的教育制度，这些措施在很大程度上促进了舞蹈艺术的发展。随着礼乐制度的产生，儒家礼乐思想在中国舞蹈中产生了重要的作用。

在周代“制礼作乐”中，“礼”即周初确定的一整套曲章、制度、规矩、仪节。春秋末年，随着生产关系和社会政治、经济制度的变化，产生了代表不同阶级、阶层和集团利益的各种学派，形成了“百家争鸣”的局面。先秦诸子中，对舞蹈思想理论研究比较深刻的首推孔子，他总结前人的见解，创造了自己的思想理论，为儒家的礼乐思想奠定了基础。儒家礼乐思想对于中国舞蹈艺术有着重要的影响。

## 第二节　中国古典舞的概念和发展历程

### 一、中国古典舞的概念

我国舞蹈文化源远流长，其发展历程从未停止，并随着时代的变化而不断演变。“中国古典舞”这一概念最早是由我国著名戏曲大师欧阳予倩先生提出的，是在中国戏曲舞蹈和中国武术的基础上，结合西方芭蕾舞，逐步总结、归纳而创立的。中国古典舞继承了传统文化的精髓，是中国舞蹈艺术中一道独特的风景线。

“中国古典舞”并不是泛指所有的中国古典舞蹈，而是指在继承传统舞蹈基础上，体现古典文化精神、具有中国民族气质的舞蹈，它并不是古典舞蹈的翻版，它是建立在深厚的传统舞蹈美学基础上，适应现代人欣赏习惯的新古典舞。它是以民族为主体，以戏曲、武术等民族美学原则为基础，吸收借鉴芭蕾舞等外来艺术的有益部分，而形成的独立的具有民族性、时代性的舞种和体系。

关于中国古典舞的诞生，众说纷纭，但都不可避免地提及戏曲。也就是说，不论是谁，都认可中国古典舞是以戏曲为母体而产生的。讨论中国古典舞的发展历程，就必须提及三个名称，即戏曲舞蹈、中国古典舞、“学院派”中国古典舞。显然，“学院派”中国古典舞是建构在前二者基础上的，它是依托于前二者而产生的更系统、更完整的一种适合课堂教学的舞蹈体系。

当前，我们需要明确中国古典舞与中国古代舞蹈存在怎样的区别和联系，以便更好地理解中国古典舞的概念。中国古典舞是从中国传统的古代舞蹈中遴选出来的，经过世代传承和改编流传至今，并且能够继续流传下去的舞蹈，中国古代舞蹈是中国古典舞的前提。

时至今日，中国古典舞经过许多优秀的编导、舞者的创作，已被赋予新的含义。梳理至此，我们应对中国古典舞的概念已有所认知，中国古典舞泛指中国古代各个历史时期创造的、具有典范性的舞蹈和

戏曲广播体操

当代人创造的具有古朴、典雅风格的古舞，是发端于新中国成立前后的一种新兴的舞蹈学科。

## 二、中国古典舞的发展历程

我国舞蹈家从20世纪50年代开始，根据“百花齐放、推陈出新”的方针政策，建立和发展具有民族特色的中国舞蹈事业。当时中国既没有从古代传承下来的专业舞蹈形式，也没有现成的舞剧艺术，对于国外芭蕾舞采取不套用现成的基本动作为原则，所以一切都是从零开始。中国古典舞在七十多年的发展过程中，经历了初创期、停滞期、发展期、成熟期、创新期等多个阶段。

### （一）第一个阶段——初创期

20世纪50—60年代是中国古典舞形成与发展的重要时期，奠定了中国古典舞的基本风格，确立了中国古典舞主要是对中国戏曲舞蹈的模仿、移植、提炼、整理的基本准则，借用了“戏曲动作”“戏曲身段组合”“戏曲行当表演片段”，同时吸收了武术的动作技法、技巧。中国古典舞剧目初期也是以提炼中国戏曲的剧目题材为主，同时又从古典文学、神话传说、历史故事、舞蹈史料中寻找创作题材。欧阳予倩认为，戏曲中那鲜明的节奏、幽雅的韵律、健康美丽的线条、强大的表现力，显然可以看出中国古典舞特有的风格，这是世界上任何一个地方所没有的。在这个基础上，借鉴戏曲、芭蕾舞的训练程式与技巧，中国古典舞的舞蹈形式便形成了。

新中国成立后的第一部民族舞剧《宝莲灯》的诞生，确立了中国古典舞的形式，为后来中国古典舞的创作与发展奠定了基础。《宝莲灯》创作成功之后，出现了一批这类的舞蹈作品，如《小刀会》《春江花月夜》等。

### （二）第二个阶段——停滞期

20世纪70年代，中国古典舞擅长表现的传统文化中的历史事件或才子佳人题材，在当时的舞台上极少呈现，所以中国古典舞的发展基本上处于停滞状态。

### （三）第三个阶段——发展期

20世纪80年代，文艺工作者创作热情高涨，迎来了文艺创作的繁荣局面。在舞蹈创作上，首先是继承与发展，不断丰富和拓宽中国古典舞创作的思路；其次是逐渐摆脱初创时期对戏曲模仿的痕迹，逐渐明确中国古典舞的审美追求，真正从身体语言的表现、结构、审美出发，使中国古典舞逐步发展完善。20世纪80年代中国古典舞身韵的确立，使中国古典舞有了这个舞种最基本的舞蹈语汇或典型符号，扩大了中国古典舞的表现方式，逐步由单一的以叙事为主的舞蹈形式，走向抽象性、交响性、个性化的发展方向，提高了中国古典舞肢体语言的表现力，音乐与舞蹈结合得更为紧密，使舞蹈语言有了更深层的蕴涵。

### （四）第四个阶段——成熟期

20 世纪 90 年代，中国经济迅猛发展，文化艺术与国际交流更为频繁，形成相互交融、相互促进的局面。中国古典舞在创作意识上深入挖掘古典文化和古代艺术的内涵，在表现手段上不断提高完善、突破传统，向更为精彩的高度发展。

### （五）第五个阶段——创新期

进入 21 世纪，中国古典舞寻求自我突破与创新的意识更为强烈，现代舞的创作思维逐渐融入中国古典舞的创作中，在一如既往地追求弘扬中华优秀传统文化与精神的框架中，中国古典舞的创作在表现手段、表现形式、审美追求上更为大胆，突显出与世界潮流相融合的趋向，从而挖掘、创作出更具创新意义、更有文化底蕴的舞蹈作品。

随着中国社会经济的迅猛发展，人们的文化水平、审美追求不断变化和提高，中国古典舞的创作在人文环境、艺术标准、社会责任以及审美感知等方面都在发生着变化，形成了思想活跃、视野开阔、创新力强的局面。

这一时期，现代舞的影响不断扩大，人们对肢体语言有着新的解读，这一切都对古典舞的发展产生着影响。中国古典舞不是古代历史舞蹈的复制，它是古典传统的现代创造，具有复兴与重构的意义，重在对传统舞蹈动作形态的研究、挖掘、提炼、创造和运用，同时融合了更多的艺术元素于其中，注重运用现代的创作观念与手段表达戏剧内容。未来中国古典舞的创作也将面临更多、更新、更强的挑战。

综上所述，中国古典舞在表现内容上有其独特性，基本上是围绕着中华优秀传统文化的核心精神、思想感情与人文品格展开的，涉及崇高的英雄主义、乐观的人生追求、悲伤哀愁的人生痛苦、文人雅士的超逸清雅以及孤高愤俗的品格，特别是与中国古典文化中的琴棋书画、松月竹梅、山水自然意趣相融，成为中国传统文化精髓展现的载体。

中国古典舞的优秀代表作品有《宝莲灯》《小刀会》《春江花月夜》《铜雀伎》《丝路花雨》等，中国古典舞凭借它独特的舞蹈特征已成为具有中国特色的重要舞种。

知识链接

## 《春江花月夜》

民族管弦乐《春江花月夜》是中国古典音乐的经典之作，也是舞蹈界编导们十分钟爱的音乐作品，不断有人用此曲创作舞蹈，这些舞蹈大多具有使用扇子的特征。陈爱莲表演的古典舞独舞《春江花月夜》，荣获第八届世界青年与学生和平友谊联欢节舞蹈比赛金质奖章。王亚彬等表演了古典舞群舞《春江花月夜》。周丽君表演的古典舞独舞《春江花月夜》，荣获第八届“桃李杯”舞蹈比赛中国古典舞A级青年组优秀表演奖。

中国古典舞
《春江花月夜》
欣赏

# 第三节 中国古典舞的特点

## 一、中国古典舞音乐的特点

中国古典音乐有着悠久的历史，以其源远流长和多种多样的艺术形式屹立于世界音乐艺术之林。中国古典音乐具有浓郁的民族风格、典雅优美的旋律、多姿多彩的演奏形式，是世界音乐文化的重要组成部分。中国古典音乐体现了中华民族的精神、文化、品位与追求，它不仅讲究意境，更讲究神韵，既含蓄又有真情流露，在舒缓中隐含着激情，在平淡中渗透着真挚，无处不体现着中华优秀传统文化的审美特征。中国古典音乐又好像是用线条画出的中国画，旋律像画笔一样勾勒出中国音乐线性思维的特点，与西方音乐的立体性思维形成对比，彰显出中华民族音乐的特色。

中国古典舞音乐与中国古典音乐的关系十分密切，二者的音乐风格追求趋向大体相同。中国古典舞的音乐类型并不复杂，主要包含以下几种：一是直接使用中国古典音乐名曲；二是对现有的乐曲进行拼接；三是采用中国音乐元素进行创作；四是运用现代作曲技法与音响创作音乐。

### （一）音阶与旋律的特点

音乐在不同的历史时期会形成各种各样的调式，各种调式因其音与音之间相互关系的不同，与其表现手法相结合，会形成不同的情感表达及风格特征，从而展现出不同的文化内涵。

中国虽然早在周代就已经有了七声音阶，但是在实际的音乐应用中，七声音阶使用得并不多，从现在民间大量存在的民歌、器乐、古曲中，我们可以清楚地看到五声音阶占据统治地位，因此，五声音阶才是中国古典舞音乐主要使用的音阶。

《管子》中记载了中国音乐史上重要的“三分损益法”，采用这种数学运算方式，便形成了“宫、商、角、徵、羽”五个音，在运用这五个音时又进行了引申，赋予了更多的含义。《礼记・乐记》中将宫、商、角、徵、羽解释为：宫为君，商为臣，角为民，徵为事，羽为物。这反映了古代封建等级制度对音乐方面的影响。《汉书・律历志》把宫、商、角、徵、羽与土、金、木、火、水，中、西、东、南、北，秋、春、夏、冬联系起来，解释为：宫为土声，居中央，与四方、四时相应；商为金声，居西方，时序为秋；角为木声，居东方，时序为春；徵为火声，居南方，时序为夏；羽为水声，居北方，时序为冬。

这五个音按高低次序排列形成一种音阶调式，被称为五声音阶，相当于简谱中的1（do）、2（re）、3（mi）、5（sol）、6（la）。这五个音构成五种调式，即宫调式、商调式、角调式、徵调式、羽调式。由于五声调式缺乏半音这样尖锐刺耳的音程关系，因此，五声调式色彩相对比较平和。五声调式各具特色，宫调式和徵调式的色彩较为接近，具有明亮的特点，羽调式和角调式的色彩较为接近，具有暗淡的特点，商调式介于它们之间。调式就是音和音之间的关系，不同的音乐采用不同的调式，对于表现音乐内容和音乐风格起着十分重要的作用。

中外作曲家在创作具有中国风格的作品时，首先要考虑的就是使用民族调式，用这种民族调式来强化作品的民族色彩，使音乐具有浓郁的中国韵味。如意大利作曲家普契尼创作的闻名世界的歌剧《图兰朵》，为了体现中国公主的特点，音乐上采用了具有五声音阶特点的江苏民歌《茉莉花》。奥地利作曲家、指挥家马勒根据中国唐诗运用五声音阶创作了交响乐《大地之歌》。美国作曲家和小提琴家弗里茨・克莱斯勒创作的《中国花鼓》中也采用了五声音阶。中国调式对于世界而言是具有鲜明民族色彩的，民族调式对于音乐创作有着不可估量的文化价值。由于五声音阶独特的构成，自然而然地流淌出中国音乐的特点，因此中国古典舞音乐大多采用五声音阶调式，其旋律具有柔和、温婉、抒情的中国音乐风格。

### （二）乐器的特点

中国自古以来乐器种类繁多，周代由于乐器种类和数量十分庞大，音乐理论家就制定了乐器八音分类法，即金、石、土、革、丝、木、匏、竹。随着时间的推移，有些乐器慢慢被淘汰了，被新兴的乐器所替代，实际上能够从古代流传至今的乐器种类和数量并不多。每一种乐器都有它无法替代的艺术特色，包括乐器形制、声音特色、演奏技法、乐曲内容等，这些就是乐器的“身份证”。当我们听到巴乌的时候，一定会想到彝族、苗族、哈尼族；当我们听到京胡的时候，就会想到京剧。任何音乐只有在乐器演奏或人声演唱之后，其风格才得以最充分地体现出来。

中国古典舞音乐中的主要乐器有：筝、古琴、琵琶、二胡等。这些乐器最具中国特色，静心聆听用它们演奏出来的音乐，醇厚的韵味油然而生，在人们心灵深处回旋激荡。

### 1. 筝

筝也叫古筝、秦筝，战国时代就已在秦国流行。筝的体积比琴大得多，其外形如一长方形木匣子。历代筝的琴弦数量不等，各弦平均地排列在琴面上，每根弦都有码子支撑。码子可以左右移动，既可以用来调整音高和音质，也可以用作转调。在演奏筝时，演奏者双手绑上指甲，演奏手法十分丰富，左手是按弦，有按音、滑音、吟音、扣弦等；右手是弹弦，有劈、托、抹、挑等技法。特别是筝的刮奏很有特色，它能使旋律增添华丽、流畅之感。筝的音色清雅秀丽、优美动听，善于表现微风轻拂、碧波荡漾、幻想仙境等。

中华人民共和国成立以来，筝又有了新的变化，从形制到乐曲创作都有了非常大的发展。现在筝多用于独奏、伴奏和小型乐队的合奏中。筝与古琴流传的范围是不一样的，筝广泛流传于民间，在各个地区的流传过程中，融合了各地区的民歌、说唱、戏曲等民间音乐，形成了以不同音色的特点和独特演奏技法为特色的地方流派，近代比较有代表性的有河南、山东、浙江等流派。古代流传下来的筝曲较多，中华人民共和国成立后创作的乐曲影响也很大。筝的代表性曲目有：《渔舟唱晚》《寒鸦戏水》《高山流水》等。

### 2. 古琴

古代称为琴，也叫七弦琴、瑶琴、玉琴等。古琴的历史十分悠久，早在先秦时期就已成为重要的乐器。“削桐为琴，练丝为弦”，说明古琴是由桐木制成的，弦是丝制的，所以，它属于八音中的丝类。古琴的体积并不大，琴底有共鸣槽，称“凤沼”“龙池”，古琴的表面是用黑漆漆成的，如果是一把年代久远的古琴，琴身上会有大量的龟裂纹。古琴有七根弦，无品无码，琴面上有十三个徽，有镶嵌玉、玛瑙、骨、金、螺钮之分，用以指明音的音位，暗示左手按音的部位。古琴有三种音：散音、泛音和按音。散音深沉而旷远，泛音清冷如天籁，按音细微缥缈多变。散音同大地，泛音像天，按音如人，三者称为地、天、人三籁。

古琴的演奏技法非常丰富，手法超过 50 种，其中我们常能听到一种滑的音是其很常见的演奏方式，即每一个音的出现一般不会直接弹出，常常从下往上滑或从上往下滑到这个音的位置，这是我们听到的琴与其他乐器截然不同的声音规律；另外，从这个音滑到另一个音也是它的特色，它是听众听到乐曲中的嘶嘶的声音。泛音也是古琴很有特色的音响，同样音的位置，如果你轻轻地虚点一下这个音，便出现空旷的高八度音响效果。

古琴的音色古朴浑厚，既可以弹奏出恬静优美的空谷回声，也可以弹奏出奔腾的流水声。古琴音量较小，主要用于自娱性的弹奏，在古代深受文人、士大夫阶层喜爱，成为他们生活中交友、娱乐不可缺少的部分，古代文人演奏时很注重乐曲的韵味和表现的意境，讲究演奏者与听众之间的共鸣，体现着他们之间共同的追求和爱好。因此，古琴的演奏和乐曲创作饱含中华优秀传统文化的审美情趣与哲学思想。

古代保留至今的琴曲非常丰富。古琴代表性的曲目有《梅花三弄》《高山流水》等。

古琴能有如此多的曲目保留至今，是因为古琴有自己独特的记谱法，即减字谱。减字谱是运用汉字的偏旁部首组合成一个标识，来提示演奏者左右手的弹奏方式和位置。减字谱还有一个特点是只记录了音高，没有记录节奏，所以不同琴家演奏同一首曲目会有差别，因为在这个“打谱”的过程中，演奏者对这个曲目的再创作，体现了演奏者的审美追求和艺术理想，因此自古以来古琴演奏就形成了很多派别，各具特色。影响较大的琴派有虞山派、广陵派、泛川派、岭南派、九舞派等，每个琴派都有一些著名的演奏家和代表性曲目。

古琴在表现现代题材方面有些力不从心。虽然有些作曲家、演奏家也在古琴音乐创作方面做了一些尝试，但效果不是很理想，影响也不是很大，现代创作的古琴曲目也比较少。

**3. 琵琶**

琵、琶原是两种弹奏技法，琵为右手向前，琶为右手向后。据史料记载，古代有一种乐器叫鼗鼓（手摇拨浪鼓），后发展成为圆形音箱的直项琵琶；后来从外国传入我国一种曲项琵琶。将这两种琵琶结合起来，保留其各自的优点，形成了一种新的乐器，使这种演奏艺术发展到了一个新的高峰，这时的琵琶是用拨子弹奏，主要用于歌舞伴奏。我们从古代保留至今的壁画和石雕中可以看到琵琶的种类有很多，琵琶的演奏从坐着横抱琴放在腿上，逐渐变为直立竖抱起来，这个变化也是经过了漫长的过程。中华人民共和国成立以后，琵琶形制的变化仍在进行着，琵琶的品、相逐渐增多，在演奏方式上也废掉拨子，改用右手五个手指绑假指甲演奏。

琵琶主要由头部、颈部、腹部构成，现在的琵琶有六相二十四品，音域广，能演奏全部半音，能自由地转调。琵琶有四根弦，定弦种类很多，最常见的定弦为A、D、E、G音。琵琶的音色很丰富，高音区清脆，中音区柔和，低音区醇厚。琵琶的演奏手法多样，左手常用的技法有推、拉、揉、吟等，右手常用的技法有轮指、挑、弹、扫弦等。它既能演奏气势雄伟的武曲，又能演奏细腻优雅的文曲，其音乐表现力十分惊人。

琵琶在各个历史时期都是一件很重要的乐器，在漫长的发展过程中，琵琶演奏出现了很多派别，大体上分南派和北派，南派发展得更为兴盛，又分为江苏无锡派、江苏崇明派、浙江平湖派、上海浦东派、上海汪昱庭派等。

琵琶的历史悠久，深受人们的喜爱，是中华民族器乐中十分重要的乐器，所以它有大量保留至今仍在演奏的古曲。这些曲目的分类方法有多种，一般分为武曲、文曲、大曲。武曲往往结构比较庞大，注重表现具体的情节，其特点是叙事与写实；文曲比较抒情细腻，注重内心感情的刻画，常常运用琵琶特有的推、拉、揉、吟等手法来展示优美的音调和美好的意境；大曲综合了文曲和武曲的优点，用来表现活泼、清新、向上的内容，表现手法十分自由。

现代琵琶曲目创作的数量很多，有些作品也非常成功，已经成为家喻户晓的精品，如《彝族舞曲》《赶花会》《狼牙山五壮士》等。

#### 4. 二胡

二胡因使用两根弦而得名，已有上千年的历史。二胡的琴筒是木制的，筒的侧面用蟒皮封住。二胡是一种擅长抒情的乐器，有着丰富的表现力。它低音区饱满有力，中音区柔和清亮，高音区清晰刚健。

二胡虽然是古老的乐器，但很少有古代流传下来的乐曲。音乐家刘天华和民间音乐家华彦钧对二胡艺术的发展做出了重大贡献。中华人民共和国成立后，许多作曲家对二胡艺术产生了浓厚的兴趣，创作出大量表现现实生活内容的优秀曲目，既使二胡艺术得到了飞速发展，也使得二胡这个乐器成为中华民族乐器中非常重要的独奏乐器。

二胡的代表性乐曲有：《二泉映月》《听松》等。

上述这些乐器不仅是中国古典舞音乐常用的主奏乐器，而且这些乐器有相当数量的代表性曲目被中国古典舞直接引用，如《扇舞丹青》《二泉映月》《新婚别》等。中国古典舞使用中国民族乐器的范围还是比较广的，除了上述乐器，如埙等一些音色独特的乐器，也是中国古典舞音乐中常见的乐器。

中国古典舞音乐所呈现出来的形式美及审美追求，与中华优秀传统文化相一致，特别是在节奏上特点十分突出，中国古典舞的节奏常常表现为弹性和点线结合，这一特点与中国古典舞音乐的特点是分不开的。演奏中国乐器的时候，演奏者常常会根据自己的理解、感情的需要，打破均匀的节奏，在某些音上抻拉，改变速度，以突显要表现的情感内容。中国古典舞音乐本身附点、切分音用得较多，这些音乐特点在舞蹈上表现为抻赶、赶抻，或是两头抻中间赶，或是两头赶中间抻，或是紧打慢舞，或是慢打紧舞等，这些音乐与舞蹈动作走向的内在节奏一致，从而产生独特的动作特点和韵律感，恰当地表达真切的思想感情，体现中国古典舞的特色。

知识链接

### 《踏歌》

舞蹈从古代的图像、诗赋、音乐等艺术形式中汲取营养，从中国舞蹈历史文化中挖掘信息，创作出了具有中国古代女乐舞蹈典型形态特征及神韵的舞蹈，其艺术价值和历史意义是不可估量的，是中国汉唐舞的经典之作。

《踏歌》在首届中国舞蹈“荷花奖”比赛中获奖。关于踏歌，一些历史文献中记载了这个乐舞的名字、体裁、形式和内容，因为没有传承下来实际的舞蹈作品，所以后人只能通过自己的想象，借助文物古迹资料，根据古代文献的各种信息，参考其他艺术形式，重新创作具有古典风范的舞蹈。《踏歌》就是这种创作实践的成功作品。踏歌原本是一种乐舞相融、自娱自乐的民间歌舞形式，早在汉代就已广泛流传。古籍中有关踏歌的记载很多。《飞燕外传》中就有记载：“时十月五日，宫中故事，上灵安庙，是日吹埙击鼓，歌连臂踏地，歌《赤凤来》曲。”到了唐代更是风行。《旧唐书》记有上元灯节的踏歌：“上元日夜，上皇御安福门观灯，出内人连袂踏歌，纵百僚观之，一夜方罢。”《新唐书·礼乐志》记载：“大中初，太常乐工五千余人，俗乐一千五百余人。宣宗每宴群臣，备百戏，帝制新曲，教女伶数十百人，衣珠翠缇绣，连袂而歌，其乐有《播皇猷》之曲。舞者高冠方履，褒衣博带，趋走俯仰，中于规矩。又有《葱岭西》曲，士女踏歌为队，其词言葱岭之民乐河、湟故地归唐也。”踏歌经历了从民间到朝廷、从朝廷再回到民间的过程。

在古代也有一些文人诗句写“踏歌”，反映了踏歌在当时人们生活中的情景。

《踏歌行》

唐·刘禹锡

其一

春江月出大堤平，堤上女郎连袂行。

唱尽新词欢不见，红霞影树鹧鸪鸣。

其三

新词宛转递相传，振袖倾鬟风露前。

月落乌啼云雨散，游童陌上拾花钿。

《纥那曲》

唐·刘禹锡

其一

杨柳郁青青，竹枝无限情。

周郎一回顾，听唱纥那声。

其二

踏曲兴无穷，调同词不同。

愿郎千万寿，长作主人翁。

《竹枝词》

唐·刘禹锡

杨柳青青江水平，闻郎江上唱歌声。

东边日出西边雨，道是无晴却有晴。

《赠汪伦》

唐李白

李白乘舟将欲行，忽闻岸上踏歌声。

桃花潭水深千尺，不及汪伦送我情。

## 二、中国古典舞身韵的体现

### （一）中国古典舞表演中的画圆艺术

中国古典舞表演中的很多姿态及运动的路线都呈现出画圆的艺术特征。虽然运动的路线有所差别，常见的有弧形、8字形或者是多个圆相互衔接的形状，但是整体来看都是身体的回旋，突出了画圆的特征。以前，人们认为所有的运动过程都是周而复始、不断往复的，中国古典舞就很好地体现了这一点，即中国古典舞表演需要遵循从起始位置出发最终回到起始位置的规律。这样的规律体现了对立统一，也正是对道家“阴阳合一”理念的体现。

中国古典舞身韵中的拧、倾姿态是表演过程中经常见到的动作呈现，通常有两类，一类是身过头留，例如云手；另一类是头过身留，例如老鹰漩涡转。不管是何类转动，都完美诠释了矛盾的对立和统一。画圆的艺术在我国的传统哲学上早就已经有明证，是中国古典舞特有的审美特征，在不断变换的过程中又体现了对立统一，让欣赏者从视觉上感受到这种对立统一的协调之美。

### （二）中国古典舞表演中的形神兼备

中国古典舞中的“形”是我们看到的舞者的动作姿态等，而“神”是通过形表现出的更深层的意念，它代表剧目中深沉的思想内涵和丰富的情感，对舞蹈动作起到指引的作用。换句话说，形是神的外在体现，神是形的精神指引，两者必须做到有机统一才能展示舞蹈的独特美感。

在表演过程中，所有的动作都离不开舞者通过自身的意识对肢体的操纵，而非单纯地为了动作而动作。有时候我们看到的表演给人的感觉就是虽有高水平的技巧动作，但是缺少引领动作的神，使得整个表演索然无味。所以说，中国古典舞表演不仅要求舞者能够完美地展现出动作姿态，还需要将内心的情感和意念通过动作抒发出来，展示出形与神的统一、意念与动作的统一，从而将舞蹈的独特神韵表现得更加到位，每一个起承转合的动作都能体现丰富的内在思想，让整个表演过程更具感染力。

### （三）中国古典舞表演中的刚柔相济

中国古典舞非常有韵律，体现了刚毅与柔美的结合、动态与静态的统一。可以说，这种舞蹈体现的是柔中带刚的意蕴，以柔和为美。刚毅和柔美本身是相反的形态特点，但是又不是完全相反的，也可以做到相互结合、有机统一。

## 三、身韵在中国古典舞表演中的重要性

### （一）使舞蹈动作的衔接更加流畅

中国古典舞表演需要舞者做到对其四要素——形、神、劲、律的熟练掌握和运用。

形代表的是外在的、肉眼可看到的，但是同时还要注意这种形式背后舞者的表现能力和身韵本色。形是中国古典舞中最基本的要素，只有将形表现好，才能向观众传达舞蹈的美。

神主要是指神韵，是指在形的外表下所呈现出的气质性风格。无论在文学作品中还是在舞蹈中，有神韵的作品才是好作品。没有神韵，舞蹈就没有灵魂，没有艺术的感染力和表现力。如果说形是外皮，那么神韵就是身韵的内在灵魂，身韵的魅力散发需要神韵来凸显。神是舞蹈的核心，舞者要把握跳舞时内心的微妙变化。

劲指的是力量，我们通常会把舞者的力量感、层次感和节奏感作为劲的衡量指标。劲的发挥不同，体现在舞蹈上的力度和节奏也不同，带给观众的审美感受也是千差万别的。

律代表的是某个符号，所有的动作都需要舞者合理控制力量，这样才能完美地展现出来，这是韵律的体现。可以说，表演者一出场的气势就影响着观众对整部作品的欣赏和感知。在这个过程中，劲和律的作用非常明显，无论是寸劲还是律动性，都能反映舞蹈的意念。

### （二）加强在训练中呼吸的运用技巧

身韵训练的一项重要内容就是对提沉的练习。提沉的练习对于身韵中气息的运用有很大的作用，提沉的训练能够使舞者改变学习舞蹈时出现的上身僵硬与腰部不灵活、不协调的问题，所以提沉是训练呼吸时必不可少的一个环节。比方说，在刚开始练习提沉的时候，需要通过头和整个身体的活动练习如何将自身的气息和肢体动作结合起来，然后在伴奏下对身体其他部位加以练习，经过一段时间的练习，舞者就可以很好地将气息和动作紧密结合在一起，让动作更具感染力，展现中国古典舞独特的神韵。由此可见，身韵教学对于舞者掌握呼吸的运用方法具有实际意义。

### （三）使人物形象更加丰满、鲜明

身韵训练的一个重要作用，在于它能够强化人物情感上的表现功能，从而突出人物形象的塑造。优秀的舞蹈要做到对舞蹈人物形象刻画形神兼备。不同的作品中人物的性格及存在的历史因素是不一样的，这就需要将舞蹈动作和人物结合起来，更好地展现人物的形。也正是由于角色的性格特征有差异，舞者抒发情感的方式也有差别。要将角色间的不同展现在观众的眼前，就需要舞者通过动作、姿态及韵律的差异来表现。

舞蹈《爱莲说》就是一个成功的案例，舞蹈要体现莲花高雅脱俗的气质，就需要舞者准确巧妙地通过自身的形体和舞蹈身法来幻化成莲花的姿态，并通过韵律等方式表现出莲花的高洁品质，不仅要通过舞蹈将莲花美丽、婀娜的形象展示出来，还需要把它孤高自赏的气质表现出来，也就是既表现莲花柔和的一面，又表现莲花刚毅的一面，展现出柔中有刚的效果。

### （四）激发的创作灵感

中国古典舞的编创大多都是取材于多种民间舞，并将其衔接在一起的，这样一来就很难展现出各个民族舞蹈的特色和文化内涵。身韵对这一点进行了扬弃，使得舞者的思想更加开阔，灵感也更加丰富，促进了中国古典舞的进一步发展。舞者不仅运用了原来的传统舞蹈动作，还将自己的潜力激发出来，运用新的舞蹈动作，使作品中的形象更逼真、明晰地呈现在观众面前。随着一代又一代舞者和舞蹈理论家的努力，身韵研究已经慢慢走向成熟和完善，在这个过程中出现了许多为观众所喜爱的优秀舞蹈作品。

## 四、中国古典舞身法、术语及动作示范

### （一）身法、术语

拧：下肢固定，上身（包括腰、肩、颈、头等）向左或右做水平的旋扭。

横拧：中国古典舞基本姿态。胯不动，以腰为轴，水平向左、右拧动。

倾俯拧：中国古典舞基本姿态。胯不动，以腰为轴，拧的同时，上身从髋关节向下倾做俯状。

倾仰拧：中国古典舞基本姿态。胯不动，以腰为轴，拧的同时，上身从髋关节向下做倾状，上身胸腔一节做翻胸。

倾：上肢向前或旁做“折”状。

仰：上肢向后做“折”状。

平圆：无论是手的局部动作还是整个上肢动作，运动时要如“磨盘”状，展现在观众面前的是一个平面的圆线运动。

立圆：运动轨迹如同“车轮”状，即展现在面前的是一个立面的圆线运动。

八字圆：又称风火轮，是指肩部或双臂同时进行互为相反方向的两个圆线运动，形成“前后”或“左右”两个车轮式的圆线运动。

点：从动作的外部而言，点是指动作中的突出强拍或瞬间的停顿。从神韵及内涵而言，点是指呼吸中瞬间的闭气、“提沉”中起伏的强弱、眼神运用时灵动变幻中的凝聚、身法变换中意念的闪动。

线：从动作的外部而言，线是指运动遵循的路线。从神韵及内涵而言，线是指运动全过程中内在意识的旋律感。

坐：中国古典舞基本姿态。臀部全着地，双腿盘于身前，开胯，后背自然垂直，肩胸放松，眼平视，手腕搭于膝上，双肘放松，也可双手背于身后，肘尖下垂。

沉：中国古典舞基本姿态。在坐的姿态上通过呼气使气息下沉，感觉气没丹田，以沉气之力带动腰椎从自然垂直状一节一节下压而形成胸微含、身微弯状，在此过程中眼皮随着沉气而徐徐放松。

提：中国古典舞基本姿态。在“沉”的基础上深吸气，感觉气由丹田提至胸腔，同时以胸之力带动腰椎从微弯状一节一节直立，感觉头部顶向虚空，向上延伸，同时眼睛逐渐张开。

旁提：中国古典舞基本姿态。在“沉”往上“提”的过程中，身体由下经“移”往上的上身弧线运动，形象犹如一轮弯月和满风的船帆。

冲：中国古典舞基本姿态。在“沉”的过程中用肩的外侧和胸大肌向 8 点钟或 2 点钟方向移斜，肩与地面要保持平行，切忌上身向前倾倒，头部的运动方向或与肩相反。

靠：是和“冲”相反的身法，首先“提”，然后在“沉”的过程中用后肩部及后肋侧带动上身向 4 点钟或 8 点钟方向“靠”出，感觉前肋往里收，后背侧肌拉长，肩与地面保持水平拉出，无向后躺倒感。身如向右靠，头则向左转。眼平视放神，头及颈部略向下，无上仰状。

含：中国古典舞基本姿态。含的过程与“沉”一样，但加强胸腔的含收，双肩向里合挤，腰椎形成弓状，空腰低头。

腆：中国古典舞基本姿态。腆是与“含”相反的运动，是在“提”的过程中，双肩向后掰，胸尽量前探，头微仰，使肩、胸完全舒展开。

移：中国古典舞基本姿态。肩部在腰的发力下向左或右的正旁移动，与地面成横的水平运动。先经“提”，在“沉”的过程中，以腰发力，用肩带动向旁拉长肋肌，头与上身运动方向相反。

正步：中国古典舞脚位。两脚靠紧，脚尖朝正前，身体与头均朝正前，重心在两脚上。

丁字步：中国古典舞脚位。丁字步有左右之分，以左为例，左脚跟靠紧右脚窝，两脚呈“丁”字，两脚尖朝斜前，重心在两脚上。站右丁字步时，做法相同但方向相反。前脚尖朝正旁称为横丁字步。

小八字步：中国古典舞脚位。两脚跟相靠，脚尖朝前方两斜角，身体与头均朝正前，重心在两脚上。

大八字步：中国古典舞脚位。两脚跟相距一脚半，脚尖对前方两斜角，其余同小八字步，重心在两脚中间。

踏步：中国古典舞脚位。踏步方式有很多，以左为例：左脚尖向前；右脚撤至左脚后旁，虚踏于左脚后方；右脚脚尖与左脚脚跟成一横线，左腿伸直，右腿膝稍弯，左膝盖和右膝盖相靠，重心在左脚，右脚虚踏，身体微向左前倾，面朝左前侧。

弓箭步：中国古典舞脚位，是丁字步的一种变形和发展。将丁字步的前腿向旁伸出后弯曲，后腿绷直，即前腿弓、后腿绷，弓腿足尖向正旁，直腿足尖向正前，弓腿要求小腿与地面成垂直角度，大腿与小腿成稍大于 90°的钝角，重心在两腿中间，上身直立，方向朝正前。双肩与腿在一平面上，不要前后突出，面部可看正前。

一字步：中国古典舞脚位。身体直立，肩部自然端正，两眼平视前方，双腿自髋关节处向两旁转开，两腿自腿部到脚跟紧贴相靠。脚掌与脚趾平展而松弛地踩于地面。脚尖分别向两旁打开形成“一”字形，重心在两脚之间，重心支撑点在双脚脚掌上。

大一字步：中国古典舞脚位。两脚跟相距一脚，脚尖向两边正旁，重心在两脚中间，身体与头均朝正前，其余同一字步。

一字步蹲：中国古典舞腿的动作。在一字步的位置上，膝盖对前脚尖方向，上身保持正直往下蹲。

大一字步蹲：中国古典舞腿的动作。在大一字步的位置上，膝盖对着脚尖方向，上身保持正直往下蹲，无论是半蹲还是全蹲，均不可踮起脚跟。大腿和小腿弯曲的角度大于 90°为半蹲，大腿成 180°为全蹲。

正步蹲：中国古典舞腿的动作。在正步的位置上，膝盖对着脚尖方向，上身保持正直往下蹲。

踏步蹲：中国古典舞腿的动作。丁字步准备，后腿撤步成踏步，蹲时前脚尖稍向外侧；后脚掌踏地，脚尖也朝侧；前后脚尖在一斜线上，中间距离约一脚，重心在两腿中间，上身保持正直，后腿膝盖经前腿膝盖的后窝，在前腿外侧伸出，双腿交叉蹲下，此时双腿上部重叠，前脚始终全脚抓地，后脚用脚掌踏地，起来时重心渐移至前脚，恢复踏步姿态。

弓箭步蹲：中国古典舞腿的动作。(1) 半蹲。弓箭步准备，弓的腿膝盖向脚尖方向屈，让原来和地面呈垂直的小腿尽量倾斜，以脚跟不抬的最大限度为标准，绷的腿保持绷直。(2) 半蹲加踮脚深蹲。完成上述半蹲后，弓的腿将脚跟踮起，继续弯曲到大腿与小腿贴上为止。(3) 全蹲。完成半蹲后，绷的腿向旁滑出，使前腿的小腿与地面成垂直。(4) 弓箭步左右移动蹲。弓箭步准备（以左腿弓、右腿绷为例）双脚跟微踮，左腿不动成大一字步踮脚半蹲状，然后左腿辗动，膝盖向前，将腿伸直，双脚脚跟落地，如此形成右腿弓、左腿绷的弓箭步，反复练习即为弓箭步左右移动蹲。

摆扣步：中国古典舞常用步法。人体在侧腰的姿态下，通过双脚一向外摆、一向里扣，形成一种在交换移动中产生向心性的圆周步法。

擦地绷腿练习：中国古典舞把杆上的练习动作。正步准备，动力腿保持正直，全腿用力擦地向前伸出到最大限度为止，同时脚背完全绷起，回来时由脚尖用力擦地收回。

小踢腿：中国古典舞把杆上的练习动作。正步准备，动力腿脚尖快速向前或向后擦地踢起 25°并突然静止，然后经原来路线恢复为正步。

踢正步：中国古典舞腿的动作。正步准备，双山膀，动力腿绷脚或勾脚向前踢起，然后落回正步，既可在原地踢，也可移动踢。

踢旁腿：中国古典舞腿的动作。丁字步准备，双山膀或托按掌，动力腿向正旁踢起，落回丁字步。踢旁腿也分绷脚踢和勾脚踢两种。

踢后腿：中国古典舞腿的动作。正步准备，双山膀，动力腿向前绷脚点地，在上身和腿保持正直的情况下，动力腿往正后方高处踢起，落正步。

踢探海：中国古典舞腿的动作。踢法如踢后腿，但踢起后允许上身稍往前压，动力腿往更高处踢起，成探海姿势。

倒踢紫金冠：中国古典舞腿的动作。这是踢后腿的一种变形，手双托掌，但动力腿膝盖可稍弯曲，上身挑腰，用小腿肚打后脑勺，整个身体成“元宝”形。

大蹁腿：又名踢月亮门腿。中国古典舞腿的动作。丁字步准备，双山膀，动力腿从十字腿方向踢起，在空中作髋臼关节环绕，经过前面、侧面，旁腿落下。整个动作如用腿画出一个“月亮门”。

蹁腿转身：中国古典舞腿的动作。斜线或横线进行，丁字步准备，双山膀，以踢左腿为例：左腿踢蹁腿后，落在左旁一步左右，重心移至左脚，右脚在左脚旁交叉上一步，重心移至双腿中间，这时在左脚旁交叉上一步，重心移至双脚中间，这时上身仍向正前，然后双脚用脚掌辗转（上身随转），转四分之三圈时，重心移至右脚，在右脚继续转完四分之一圈的同时，左脚再起蹁腿，这样反复进行。

踢盖腿：中国古典舞腿的动作。丁字步准备，双山膀，动力腿从旁腿方向踢起，踢起时要用掀胯的力量，然后经过前面落下，落时腿成后撤步。

盖腿转身：中国古典舞腿的动作。同蹁腿转身，但原来蹁的一腿改成上步，原来上步的一腿改成盖腿，重心移动及转身等要求相同。

蹁盖腿转身：中国古典舞腿的动作，将蹁腿转身与盖腿转结合起来就成为蹁盖腿转身，这是一个踢腿的组合动作。将蹁腿转身的上步用盖腿来做就是蹁盖腿转身，方向、要求相同。

踹燕：中国古典舞基本舞姿。“踹燕”二字，顾名思义就是要有一个踹的过程，形成面、胸、腹、腿水平朝天的姿态。动作经由高的吸腿，再向前做 90°水平躺身，同时向两旁伸手，掌心向上，头微梗，眼看脚尖；还原时，由胯骨处起，用立腰的劲带动整个上身直立，然后再落腿，也可吸正腿伸出同时躺身。

快踹燕：中国古典舞基本舞姿。快踹燕的特点是快、脆、硬。它与普通踹燕的区别在于不是先做好正腿然后向后躺身，而是动力腿吸腿的同时，主力腿微弯，上身稍向前侧，膀子在胸前准备，然后在急速间同时做伸动力腿、直主力腿、躺上身、膀子向旁分开的动作而成快踹燕。

软踹燕：中国古典舞基本舞姿。软踹燕是踹燕的发展，与快踹燕相反。它不是脆的和硬的，而是一种柔和的、舒展的控制动作。先是正吸腿向上伸出，越高越好；同时上身由胸和头起向后下腰（腿不落），要求头能碰到主力腿的大腿。双手在吸腿的同时在胸前交叉，伸腿踹时双手从头上分开向两边伸平，起来时，由腰开始立，然后胸，头恢复，最后落腿。

旁腿躺身：中国古典舞基本舞姿。横丁字步准备，山膀，动力腿直起旁腿，做到最高的高度，然后保持住旁腿和双山膀的姿态，从主力腿的大腿根起到上身、头部，整个往主力腿的方向倾斜 45°，双山膀随旁腿躺身而变成托按掌或顺风旗式。

探海：中国古典舞基本舞姿。上身往下探，动力腿继续往上抬，上身和主力腿成 90°为止，同时挺胸，头自然抬起，眼看前方，不要向下看。还原时，先起上身，然后带动后腿。

深下探海：又名冲天炮。中国古典舞基本舞姿。在探海的基础上，动力腿继续往上抬，同时上身往下沉，直到腹部，胸部和主力腿贴上，同时主力腿和动力腿成 180°，双手在这个过程中，经交叉至胸前，或抱住主力腿的脚腕，头微抬起或向动力腿旁后方看。

商羊腿：中国古典舞基本舞姿。丁字步准备，手顺风旗式，动力腿向主力腿脚尖方向抬起至 90°或更高，膝盖微弯，大腿根不动，膝盖向下压，让大腿和小腿的内侧都向上翻，要求小腿高于大腿。落时先将腿伸直，手也可在做商羊腿的同时经双擦掌成顺风旗式。

商羊腿躺身：又名商羊腿踹燕，中国古典舞基本舞姿。做好商羊腿，上身向外拧身，保持拧身状态后向后躺平，同时动力腿向前上方伸，手保持顺风旗式。

射燕：中国古典舞基本舞姿。站45°角的丁字步，手顺风旗式。动力腿（丁字步的后腿）顺着脚跟方向将小腿抬起，脚心向上，主力腿半蹲，同时动力腿向外稍伸长，大腿根往上抬，双腿大腿内侧相靠，上身从胯处向动力腿相反的方向倾斜45°，胸向上挺，微拧腰。还原时，先直主力腿，再落动力腿，同时收手。

斜探海：中国古典舞基本舞姿。女性：踏步准备，手顺风旗，动力腿（后腿）直接绷脚抬起，同射燕动力腿相同，但要求抬起更高，上身向动力腿同一方向弯旁腰，主力腿正直，头转向主力腿一边的肩，或眼往后下方看。男性：做好旁吸腿，然后上身向主力腿一边正旁倾斜25°，手双托掌或顺风旗式。

掀身探海：中国古典舞基本舞姿。正步准备，双山膀，成探海，保持探海姿势，动力腿将胯掀起45°，同时手成托按掌，主力腿一边向侧后方弯旁腰，同时动力腿一边尽量伸展肋筋，头向主力腿一方侧看，也可以从正步直接抬成掀身探海。可以掖腿先伸出成后腿，然后成掀身探海；也可以掖腿向上伸腿，同时成掀身探海。

踹燕变探海：中国古典舞舞姿转换动作。踹燕准备，动力腿和主力腿的动作部分和正腿—后腿的变身动作完全一样，主要是上身由踹燕状同时翻身成探海状——由仰而伏，手臂配合要像一个车轮一样转动半圈。

探海变踹燕：中国古典舞舞姿转换动作。动力腿和主力腿部分与后腿—正腿的变踹动作完全一样，主要是上身由探海状同时经翻身成踹燕状。

朝天蹬：中国古典舞基本舞姿。自己用手将一条腿架起做更高软度的控制动作，对于进一步训练腿的控制能力及软度有相当作用，同时也是一种表演动作。朝天蹬有正、旁、后之分。正朝天蹬：正步准备，动力腿吸起成前吸腿，然后用同一边的手托住脚后跟往上扳直，在腿向上伸直的过程中脚面由绷变勾，脚尖正对眉梢，和头的距离越近越好，另一手可扶把，离把时做单山膀或托掌。旁朝天蹬：丁字步准备，动力腿成端腿，用同一边的手从腿的内侧伸出托住脚后跟，经过蹁腿，伸直控制在旁腿处，脚面勾起，另一手同上。后朝天蹬：正步准备，动力腿成后吸腿，然后用同一边的手反抓住脚背往上扳，其中可以要求动力腿完全伸直，上身直立；也可要求动力腿弯曲，上身挑腰、挺胸、仰头，动力腿的小腿能碰到头（如倒踢紫金冠状）。

端腿：中国古典舞腿的动作。单手扶把，单山膀，丁字步准备，前脚擦地，脚跟顺着主力腿的小腿往上端，一直端到脚跟齐裆，小腿抬平，然后随原来路线落回，快接近地面时，脚恢复钩状落回丁字步。

掖腿：中国古典舞腿的动作。丁字步准备，后腿在原位上擦地绷脚，然后顺着主力腿小腿向上抬起，抬至动力腿脚腕贴于主力腿膝盖后窝处，膝盖打开。

快速跨蹁：中国古典舞基本舞姿。侧腿到端腿的一段距离间，要求动力腿在45°侧腿上，大腿完全不动，小腿要像刀子平削一样；或者要求动力腿控制在45°旁腿，向前做跨、向后做掖腿的快速练习。

跨蹁和蹲起：中国古典舞基本舞姿。侧腿45°或90°，动力腿往回跨腿，在跨腿的过程中，主力腿半蹲，然后在动力腿蹁腿的过程中，主力腿再伸直，这样连贯地练习；也可蹁出后移旁腿，然后由旁腿向后成掖腿，同时主力腿蹲，再由掖腿向旁腿伸出，主力腿同时伸直。

老鹰展翅：中国古典舞基本舞姿。在跨掖蹲的基础上，将主力腿蹲到最大限度，动力腿的脚靠在主力腿上，保持后背挺直往下压，上身去贴动力腿，眼向动力腿一边斜后方看，手做剑指，手背对前，向后背膀子。

吸腿：中国古典舞腿的动作。(1) 前吸腿：正步准备，双山膀，动力腿用膝盖的力量往上提起大腿，小腿弯曲，脚背绷起，小腿与大腿的弯曲约成60°。(2) 旁吸腿：横丁字步准备，按掌，动作同上，开胯，动力腿膝盖和肩要在一个平面上。(3) 后吸腿：正步准备，山膀，一种做法是大腿不动，双腿大腿并拢，动力腿绷脚向后弯曲，小腿和大腿的弯曲约成90°；另一种做法是在上一种的基础上大腿往后抬。

弹腿：中国古典舞腿的动作。(1) 前弹腿：正步准备，山膀，先做好前吸腿，大腿不动，膝盖、脚背用力，小腿迅速弹出，动作干脆，弹直后要停住，然后收回吸腿，落回原地。(2) 旁弹腿：横丁字步准备，手按掌，其他同上。(3) 后弹腿：这实际上是向后快伸腿，但大腿要主动往上抬，送小腿向高处伸。

撩弹腿：中国古典舞腿的动作。与弹腿相比，撩弹腿不是先做成吸腿将大腿固定不动、小腿弹出，而是在吸腿的同时小腿就往上弹，大腿也同时发动，并借助于大腿往上的力量使小腿弹得更高、更有力。

律动：经过对一切动作的分析、概括、提炼，使之成为不同于某一具体或完整动作的具有概括性质的元素。

元素：提、沉、冲、靠、含、腆、移等，这些由心意带动呼吸，又由呼吸支配腰部而体现出来的基本势态。

软度：向前、向后有很大的“步”，向旁有很好的“开”。

步：两腿竖着劈开的距离，如迈一步这个“步”是很小的，朝天蹬、踢腿的“步”是很大的。

开：胯骨及腿向旁打开的距离，如小八字步的“开”是较小的，一字步则是全“开”的，“侧腿”是半“开”的，旁腿就是全“开”的。

耗腿：中国古典舞腿的软度训练形式之一。有三种练习方法：(1) 面向把杆，距离为能将腿的腿根放在把杆上，正步准备，动力腿吸起，向上伸直，轻轻将脚跟放在把杆上，成正腿，双山膀或叉腰。(2) 横向把杆先面向把杆然后向左或右转 90°，丁字步准备，动力腿经吸腿伸出或端腿蹁出成旁腿，把脚跟放在把杆上。(3) 面背把杆，正步准备，动力腿经吸腿伸直，将脚背放在把杆上，成后腿，双山膀。

压腿：中国古典舞腿的软度训练，有三种练习方法：(1) 耗正腿准备，顺风旗式或双托掌，整个上身保持正直往下压，感觉是用小腹去贴大腿。(2) 耗旁腿准备，托按掌，上身从胯骨以上保持正直向正旁压下去，要求肩和身体的外侧与腿相贴。(3) 耗后腿准备，双山膀或双托掌，或主力腿不动，上身从肩开始往后压腿，要求尽量贴近。

劈叉：中国古典舞腿的软度训练，有四种练习方式：(1) 双手扶把，面对把杆，弓箭步准备，将后腿顺着原来方向向后滑伸出去（用脚的内侧擦地），然后前腿勾起脚面（以脚跟着地）随着后腿向后伸，慢慢将腿伸直，一直将双腿伸直到贴平地面，这时前脚尖向上，后脚尖向旁，起来时双手稍用力扶把，往下按，梗脖子，立腰，往上提，双腿同时往回夹，跳起成小八字步全蹲样。(2) 双手扶把，面对把杆，小八字步准备，全蹲，然后将上身稍往上提起，这时双腿同时向前、后伸直，起来的方法同上。(3) 出前腿落叉，结合朝天蹬来做（做法见朝天蹬）。(4) 正身劈直叉准备，前腿不动，然后将后腿原来向下压的胯、膝盖、足尖都向上转动，变成和前腿一样的足尖向上，这就是将整个裆和胯横打开来的横叉；将原来前腿的脚尖、膝盖、胯转向下，另一腿不动，成反面的直叉，用这种左右移动的办法来练习横叉。

向前下腰：中国古典舞腰的软度训练。正步准备，单手扶把，手由单山膀变托掌，整个上身（胯以上）向前弯曲，胸部主动往下压，弯到上身与腿贴到一起为止。弯的时候整个上身始终保持预备时的姿态，手随身体下去，保持托掌位置，双腿始终直立，上身保持原状，落手还原。

向后下腰：中国古典舞腰的软度训练。正步准备，单山膀成托掌，单手扶把，眼看托掌手的手指，从肩、胸、腰一节一节向后弯曲，让头去找臀部，越靠近越好，头不能放松，要保持自然，然后保持原姿势从下往上一节一节地起，起时要收腹，一直到直立还原。

向旁下腰：中国古典舞腰的软度训练。较小的大八字步准备，单手扶把，手叉腰，右手托掌，胯不动，上身向左旁下腰，下腰时人先往上提收腹，两肩及胯始终正对前方，肩与腿在一个平面上，下到最深度，然后还原。头既可向前看，也可看前斜下方，边起边还原。

耗腰：中国古典舞腰的韧性训练。正步准备，头向旁看或前看，全身往上提，收腹提臀，然后从肩起一节一节向后下，腰、胸向上挑，头始终保持预备时的状态，膝直，然后由下往上一节一节起。

担腰：中国古典舞腰的弹力训练。正步准备，托掌，掌心向上，用这种姿态向后下腰，然后腰起成 90°，再去碰臀部，反复动作。

踏步拧腰：中国古典舞腰的扭曲训练。右脚从左脚前交叉过去，两脚外缘平行靠住，手叉腰或按掌、托掌准备，在以上准备姿态上，胯不动，上身直立向右后拧，至最大限度为止（如向左拧则左脚在前）。

单腿重心向前下腰：中国古典舞腰的前屈训练。正步准备（以左脚掌握中心为例），托掌，右脚向前绷脚擦出，同时主力腿半蹲，右脚继续向前擦到最大限度，臀部对着脚跟，然后向前下腰，手随下后仍保持托掌。还有一种是不弯动力腿膝盖的方法，做法大致相同，不同点在于下前腰时主力腿一直是在直立的状况下，身体去贴前腿，然后起上身，右腿收回。

单腿重心向后下腰：中国古典舞腰的后屈训练。正步准备，手托掌，右腿向前绷脚擦出，眼睛看手往右下腰（方法同双腿右下腰），原路起来，收腿，收手。

单腿跪下腰：中国古典舞腰的软度训练。正步准备，托掌。有动力腿弯曲和伸直两种做法：（1）跪一膝，膝与前脚跟成直线，小腿与上腿对齐，绷脚，前腿屈膝成 90°，向前下腰时，用胸去碰前腿，向右下腰时用头去找臀部，手在下腰过程中一直保持托掌，然后直起并把重心移在前腿站起，收后腿成正步，落手；（2）前面的动作一样，直起时先收回前腿成 90°，然后重心移至前腿站起，收腿，落手。

姿态斜腰：中国古典舞基本舞姿。以右为例，右丁字步准备，单山膀，右脚顺着主力腿脚尖的方向，直绷脚擦出，脚尖点地，同时左脚半蹲，右手经下方撩起（或用剑指手从腋下画一小圈向右斜方刺出），停于右斜上方，在撩手同时，整个上身平板地往后躺，收腹肌，从胯以上尽力往外拧，使手、上身和右腿成斜线，重心始终在半蹲的一条腿上。舞者的眼神在此时聚焦，或低垂含情，或坚毅凝望，为斜腰姿态注入灵魂。

吸腿拧身侧下腰：中国古典舞腰的扭曲训练。正步准备，单手扶把，单山膀，右腿直接吸气成正吸腿，尽量往上吸起，同时手由上盖下成按掌（不是在胸前，而是对着左肩，手型稍立），胯不动，上身探腰向右侧方下侧腰，眼看斜下远方。

紫金冠下腰：中国古典舞难度较大腰的软度训练。正步准备，右腿成后钝角吸腿，手成托掌向后下腰，腿从大腿跟起主动向上去碰头，两头往一起凑，眼看手尖，与脚越近越好（最好是动力腿碰后脑勺），然后按原路落下。

撩弹腿下腰：中国古典舞难度较大的腰的软度训练。正步准备，单手扶把，单山膀，向前做撩弹腿，当撩到最高处，往下落的同时，腰利用反作用的力量向后弯腰（和腿落下是同时），然后在腿收回的同时上身直起，手在腿往上撩起时可分掌；在做下腰时，手可随腰松弛地垂直落下，掌心向上，在上身直起的同时又变成山膀。

涮腰：中国古典舞环形腰的训练。以左涮腰为例，大八字步准备，右山膀按掌，以腰为轴心，整个上身做前旁后旁的圆圈运动，向前下腰的同时双臂下垂，身不经直立直接变成左旁腰，同时成左顺风旗式，再变成后腰，双手伸直，掌心向后，再变右旁腰，手成右顺风旗式，然后经过向前弯腰，恢复原位。

单腿重心涮腰：中国古典舞环形腰的训练。以右腿为例，正步准备，右脚擦地前出，做右旁、后、左旁的涮腰动作，然后还原，右脚收回。

单腿跪涮腰：中国古典舞环形腰的训练。（跪腿的方法有直腿、弯腿两种，同跪下腰）正步准备，左膝后撤跪下（做法同跪下腰），腰做涮腰动作，然后立起，还原。

弓箭步涮腰：中国古典舞环形腰的训练。丁字步准备，右山膀按掌，先成左弓箭步，当腰由前到右旁的同时，由左弓箭步变成右弓箭步，当腰由右旁经后到左旁时，腿经膝直立再变成左弓箭步，然后收成丁字步，手还原。（手的方向同弓箭步，手的配合同涮腰。）

双腿重心转：中国古典舞舞姿转换方法。一种做法是，踏步半蹲准备，直起的同时双腿用脚掌向里或向外转半圈或一圈。另一种做法是，双腿交叉准备，用脚掌转一圈后落脚跟，变成踏步半蹲。这两种做法的手可做双撩掌，上身始终是直立的。

辗转：中国古典舞慢速转动作。主力腿脚跟推地稍垫起，脚掌在原地作为轴心向一个方向旋转，整个身体成为一个固定体，随着主力腿的转动而转动，每辗一步，脚跟落一次，辗步可大可小。辗转有下列五种基本姿态：（1）在正腿上，手可做双山膀，分向里转、向外转两种；（2）在旁腿上，手可做双山膀，分向里转、向外转两种；（3）在后腿和探海上，手做双山膀（手可做掌和剑指两种），分向里转、向外转两种；（4）在商羊腿上，手可做顺风旗式，分向里转、向外转两种；（5）在斜探海上，手可做顺风旗式（剑指），分向里转、向外转两种。

### （二）中国古典舞动作示范

#### 1. 掌

女：兰花掌。动作：五指自然分开，中指和大拇指向手心靠拢，使虎口自然与手掌合拢，形成以中指为主要用力点，带动其余 3 指指尖上翘的形态（见图 4－1）。

男：虎口掌。动作：虎口撑开，四指自然而松弛地并拢，用力意识集中在指尖，形成指尖微向上翘，手掌成涡形的形态（见图 4－2）。

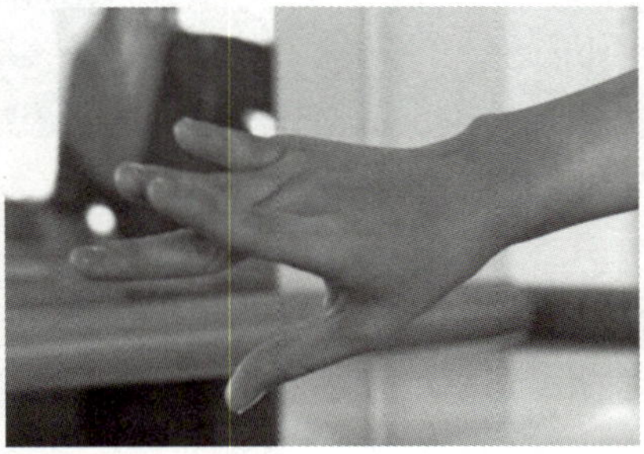

图 4－1　兰花掌

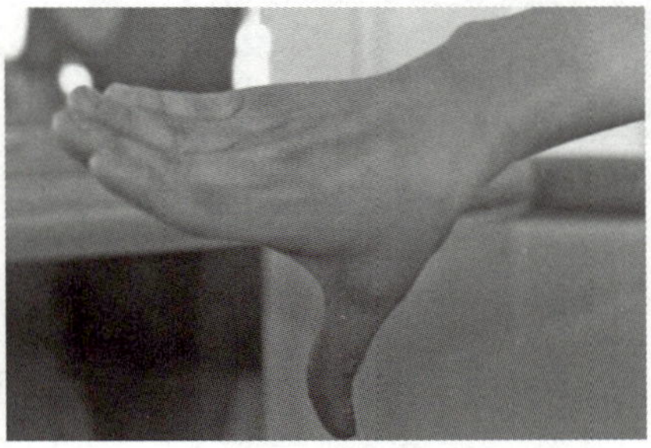

图 4－2　虎口掌

按掌动作：以女兰花掌、男虎口掌之形，将手臂放置于胸腹之间的位置，成圆弧形，沉肘，是为按掌（见图 4－3）。

托掌动作：男、女各以虎口掌和兰花掌之形，将手臂向上撑直成圆弧形置于额头前上方，是为托掌。防止动作成形时折腕。见图 4－4。

图 4－3　按掌

图 4－4　托掌

### 2. 指

（1）女：兰花指。动作：大拇指与中指松弛地相搭，形成O状，同时，食指伸出上翘，其余两指松弛地与中指并拢，形成秀丽的指形（见图4-5）。

（2）男：剑指。动作：食指与中指并拢且挺直，力贯指根、指尖，并以折腕之力使指上翘，其余三指，以拇指与无名指虚搭紧挨为形（见图4-6）。

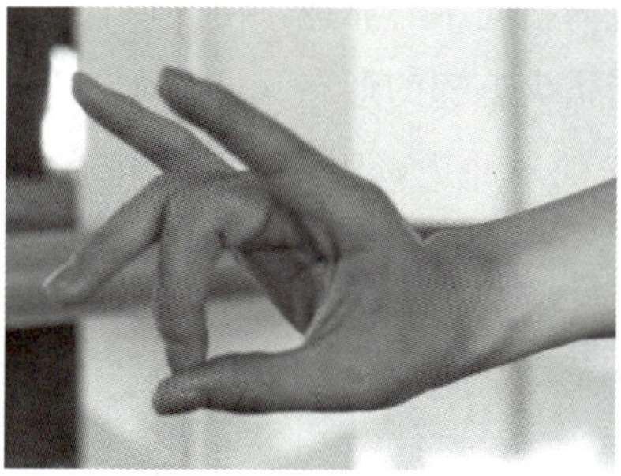

图4-5　兰花指

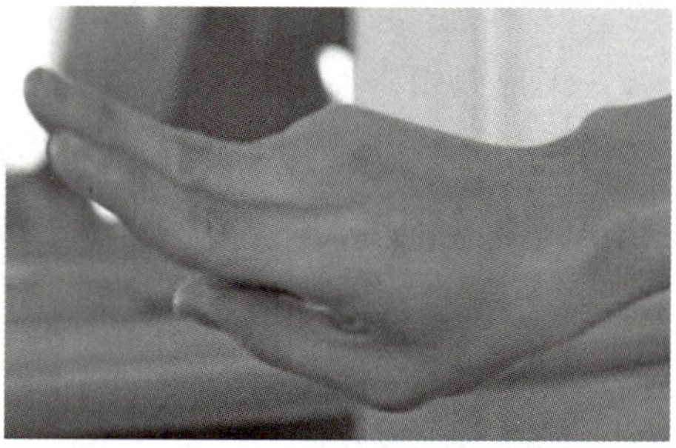

图4-6　剑指

### 3. 拳形

（1）女：拳形。动作：拇指与食指相搭，食指与其余三指依次相握，形成拳形（见图4-7）。

（2）男：拳形。动作：自食指起的四指合拢握紧，大拇指贴在食指上，手腕微向里扣，形成拳形（见图4-8）。

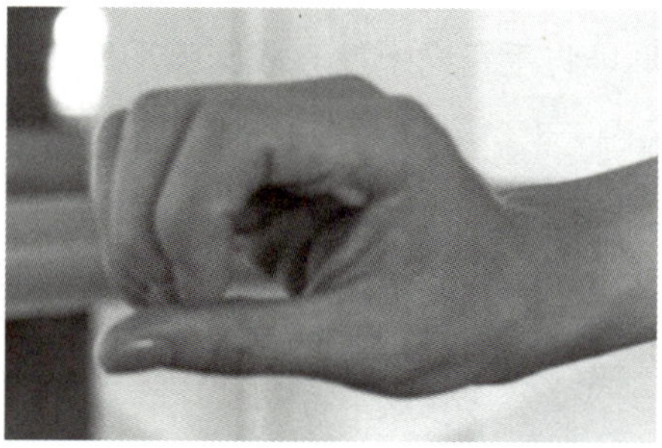

图4-7　拳形（女）

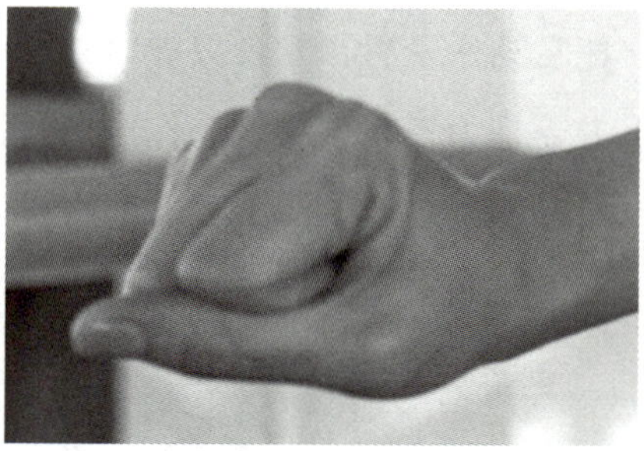

图4-8　拳形（男）

### 4. 膀臂

（1）单山膀：兰花掌形，手臂成圆弧形抬至身旁（见图4-9）。

（2）双山膀：虎口掌形，双臂成圆弧形抬至身旁（见图4-10）。

（3）顺风旗式，见图4-11。

（4）大步摊扬掌，见图4-12。

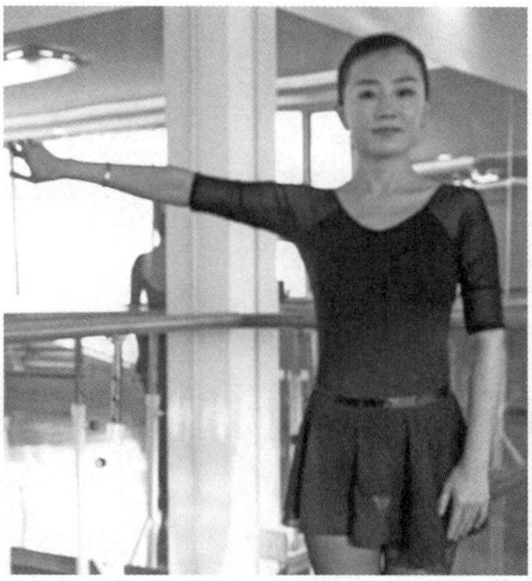

图 4-9 单山膀

图 4-10 双山膀

图 4-11 顺风旗式

图 4-12 大步摊扬掌

（5）踏步蹲冲掌，见图 4－13。

（6）弓箭步拧身冲掌，见图 4－14。

图 4－13　踏步蹲冲掌

图 4－14　弓箭步拧身冲掌

以上动作，是中国古典舞中的常见舞姿，它们均是手位、身形相互结合的结果。

古典舞手位

古典舞臂膀练习

《知否知否》

知识链接

### 舞蹈再现革命岁月　舞者歌颂家国情怀

革命红色题材是中国文化艺术中不可或缺且有着特殊意义的一环，在文学、影视与艺术作品中都是占据了极大比重的内容。近年来，舞蹈艺术中此类题材作品也层出不穷。没有语言和文字，舞蹈以其独有的动作语汇来描绘故事、表现人物和抒发情感。这些剧目在丰富舞蹈作品题材与内容的同时，以纯粹的身体语言形式打动观众，同时也表现出当代舞蹈人心中独有的情怀。

舞剧《井冈井冈》是中国舞蹈“荷花奖”舞剧奖获奖作品，由北京舞蹈学院与江西吉安职业技术学院联手打造。从主创团队的设置便不难看出，《井冈井冈》无论是在故事情节内容与情感的出处，还是在艺术表现的高度，都有基本定位。

在前期创作当中，所有主创人员也都曾专程到井冈山革命根据地进行实地采风，了解和学习历史与人文风情的同时仔细查阅当地的文本档案与影像资料，才有了后期舞剧创作细节中的精益求精。曾参与多部革命红色题材舞蹈作品的著名舞蹈家胡玉婷，在提起这类题材作品时这样说："在排演的过程中，一遍遍回顾当时的事件、反复刻画在当代人记忆中似乎已经慢慢远去的革命先烈，自己会越来越真实和深刻地进入故事和人物当中，会因此理解他们当时的情感，那些痛苦与不舍让我们这些年轻人学会珍惜现在的生活。特别是《井冈井冈》，在痛失爱人与友人之后，把出生的孩子托付乡亲，毅然决然地踏上革命道路，这样的革命大义在不知不觉中感染着我，排练结束后在遇到伤病或困难时，时常真的感受到自己变得更坚强和勇敢了。"

在渐渐远去的炮火声中，历史需要被铭记，若被遗忘所代替，现在的我们何处说感恩。当代的创作者也应继续肩负起使命，让家国情怀感染更多的人，影响世世代代的中华血脉。

## 本章小结

本章介绍了中国礼乐思想的源流及底蕴，阐述了礼乐思想在中国古典舞中体现的积极作用，并对儒家礼乐思想进行了解析，追溯了礼乐思想在中国古典舞中的具体体现。本章还分析了中国古典舞的组成要素及特点，同时介绍了中国古典舞音乐的特点，其中包括音节与旋律及古典乐器的特点，并通过中国古典舞术语及动作示范的学习，帮助学生较准确、熟练地掌握中国古典舞的风格特点，提高舞蹈动作的表现力。

## 思考题

1. 简述当代中国古典舞的概念。
2. 中国古典舞的特点有哪些？
3. 中国古典舞的发展历程共经历了哪几个时期？

## 实训项目

1. 练习中国古典舞手位组合，注意中国古典舞的风格特点。
2. 观看一个中国古典舞作品，并说出其表达的思想情感。

# 第五章 中国民族民间舞蹈组合

## 学前导读

中国民族民间舞蹈是指产生并流传于中国民间、受民俗文化制约、即兴表演但风格相对稳定、以自娱为主要功能的舞蹈形式。通过对学生身体的灵活运用与身心协调配合的个性美进行挖掘，让身体各个部分能松弛自如地展现，在新颖多彩的中国民族民间舞蹈形态学习中，追求塑造鲜明生动而富有感染力的艺术个性形象，不断强化学生自我的创新能力与活力；通过学习中国民族民间舞蹈的表演组合，全面提高学生的情感表现力及审美能力；通过科学系统的中国民族民间舞蹈训练，实现塑造魅力、增添魅力、培养自信、磨炼毅力的目的。

## 知识目标

1. 了解中国民族民间舞蹈的相关知识和特点
2. 掌握中国民族民间舞蹈的动作要点及训练方法

## 能力目标

1. 培养塑造优美体形的能力
2. 培养身体各部位协调活动的能力和舒展表现能力
3. 培养在动静结合的美态中展现肢体灵活性和柔韧性的能力

## 素养目标

1. 培养民族自豪感和爱国主义精神
2. 坚定理想信念和培养顽强拼搏的精神
3. 培养正确面对困难和克服困难的意志力

# 第一节 中国民族民间舞蹈的特点

形体舞蹈动作并不十分复杂，在练习中要注意肢体线条的美感，重在培养气质。通过中国民族民间舞蹈训练，不断改善形体和综合素质，提升自信乐观的心态，同时进一步深入了解中华优秀传统文化的精髓。

## 一、傣族舞蹈

### （一）傣族舞蹈的特点

傣族舞是傣族人民表达感情的一种特色舞蹈，分为自娱性舞蹈、表演性舞蹈、祭祀性舞蹈、武术性舞蹈等类别，大多婀娜多姿、节奏缓慢，也有的傣族舞轻快明朗，独具特色，尽显中国女性身体的曲线美。

傣族舞蹈种类繁多，其中，孔雀舞是人们最喜爱、最熟悉的，也是变化和发展幅度最大的舞蹈之一。每逢节日和迎接新年时，傣族人民都要表演孔雀舞。孔雀舞是傣族古老的民间舞蹈，流行于整个傣族地区。傣族人民模仿孔雀飞跑下山、漫步森林、饮泉戏水、追逐嬉戏、拖翅、抖翅、展翅、登枝、歇枝、开屏等动作，制造出了丰富多彩的舞蹈动作和富于雕塑性的舞姿造型。其音乐节奏大都为连绵不断的节奏型，舞蹈基本律动多为腿保持半蹲状态，重拍向下，双膝屈伸，以屈伸带动身体颤动和左右轻摆；脚多为后踢，踢起时快而有力，落地时轻而稳，这种律动不仅模拟孔雀行走时的步态，还颇像大象在森林中的漫步，具有内在、含蓄、健稳的力量美。

### （二）傣族舞蹈的动作要领

“三道弯”是傣族舞蹈最为经典的特征。身的“三道弯”是指立起来的脚掌到弯曲的膝部、膝部弯曲到胯部、胯部弯曲到颈部；手臂“三道弯”是指指尖弯曲到手腕、手腕弯曲到肘部、肘部弯曲到大臂；腿部“三道弯”是指脚掌弯曲到脚跟、脚跟弯曲到膝部，膝部弯曲到胯部。

傣族舞蹈有严格的程式和要求，有固定的步法和地位，每个动作都有固定的鼓语伴奏。为傣族舞蹈伴奏的重要乐器是象脚鼓。据说，傣族人从三四岁的幼儿到古稀老人，没有不会击打象脚鼓的。象脚鼓的高级演奏者，不单纯是打鼓的乐师，同时必定是优秀的舞者。进行傣族舞蹈的训练，可以掌握东方形体的曲线与线条美，加强身段与肢体动作的柔美感。

知识链接

### 孔雀舞

孔雀是傣族地区最具代表性的动物之一，孔雀舞也是最具代表性的傣族舞蹈之一。由于气候及自然条件关系，傣族地区孔雀较多，傣族人民很早就有饲养孔雀的习惯。傣族人民认为孔雀美丽、善良、智慧，是吉祥的象征，对它怀有崇敬的感情。傣族人民常把孔雀作为民族精神的象征，并以跳孔雀舞来表达自己的愿望和理想，歌颂美好的生活。

孔雀舞的动作优美典雅、柔韧而又轻盈。孔雀舞具有以下几个特点：

其一，膝部柔韧的起伏。这既是傣族民间舞蹈的共同特点，也是孔雀舞的特点，在变化万千的动作过程中，膝部始终是带韧性的起伏，但这种起伏又不是机械的平均的起伏，而是随着内在和外在的感情变化而变化的，如主力腿立直时稍快，而下蹲时稍慢，这样使孔雀舞显得非常优美。

其二，手臂、手腕、手指柔软而刚韧。上述三个部位的动作柔软而不松软，具有刚韧的内在力量。手上每个动作的变化都柔软而刚韧。这样的动作韵律，把孔雀温顺、善良、稳重的性格特点表现得十分完美。

其三，小腿动作快速、敏捷，眼睛的灵活。

其四，"三道弯"。孔雀舞舞蹈者的身体各部位组成优美典雅的"三道弯"造型。例如，右五位侧提腕立掌手，加上左勾脚旁掖腿，那弯曲的膝部、肘部、提起的腕部，送出的胯部，稍弯的腰部，微倒的头部等，别具一格的曲线形身体，再现了孔雀窈窕的体态。孔雀舞"三道弯"的造型与其他中国民族民间舞稍有区别，一般送出的胯部与倾斜的上身方向是相反的，头部多顺倒，即倒向上身倾斜的方向。

傣族舞蹈欣赏

## 二、藏族舞蹈

### （一）藏族舞蹈的特点

藏族舞蹈是一种劳动歌舞。在藏族民族历史孕育下的若干节日中，总是以歌舞来敬奉神灵和欢娱民众，并借以把节日欢乐气氛推向最高潮，后来增加了上肢动作、原地旋转和队形变换，成为一种男女交替、载歌载舞的劳动歌舞形式。这种劳动歌舞被搬上舞台，成为劳动艺术的纪念。

藏族舞蹈主要有四种形式：

（1）堆谐，意思是“踢踏舞”，是藏族丰富多彩的歌舞形式之一。

（2）果谐，意思是“围着圈的歌舞”，是藏族牧民喜闻乐见的一种古老的、群众自娱性较强的集体歌舞。

（3）谐，意思是“弦子”。它是藏族舞蹈中最普遍、最繁盛的艺术表演形式之一；舞姿优美，刚柔并兼，旋律欢快流畅，节奏鲜明开朗，曲调大都高亢嘹亮、粗犷豪放。“弦子”的主要形式有三种：1）以迎宾相会为内容，相互欢迎感谢、相互赞美的迎宾舞蹈和相会舞蹈；2）以尊敬长辈、热爱家乡、团结友爱为内容的赞颂舞蹈；3）表达青年男女充满爱慕之情和纯洁真挚友谊的舞蹈。

（4）卓，意思是“锅庄”，是一种劳动气息浓厚、粗犷豪迈的藏族传统舞蹈形式。

### （二）藏族舞蹈的动作要领

藏族舞蹈种类繁多，特色鲜明。藏族舞蹈的手势，可归纳成“拉”“悠”“甩”“绕”“推”“升”“扬”7种变化。藏族舞蹈的步伐十分丰富，从脚部动作上可概括为“蹭”“拖”“踏”“蹉”“点”“掖”“踹”“刨”“踢”“吸”“跨”“扭”12种基本步伐。

藏族歌舞曲的唱词内容广泛，如歌颂日月星辰、山河大地，赞美妇女的容貌服饰，思念亲人，祝福相会，祝颂吉祥如意以及宗教信仰等内容。各类歌舞在漫长的历史文化生活中经过群众的创作和濡染又因地区不同而风格各异，但是它们在整体的风格上又是统一的，都具有膝部有规律的屈伸和颤动的动作特点。所以，我们在欣赏藏族舞蹈时，重要的是看舞蹈者膝部的控制和身体协调性。

**知识链接**

#### 藏族舞蹈

藏族民间舞蹈是一种文化融合的舞蹈形式，表现了伴唱曲调的旋律特征和歌词等。从藏族舞蹈里可以看出人们的生活环境以及人们的日常衣着。

藏族作为我国的古老民族，其生活的地域环境较为特殊，青藏高原被人们称作“世界屋脊”，有着雄伟的高山，有着广阔的草原。藏族的生产过程以牧业为主。生活在高原上的人们，由于常年面对那些冰封的雪岭，以及瞬息万变的优美景象，会产生十分美好的神奇幻想，并通过艺术形式予以表现。同时，自然环境的特殊，养成了高原人民淳朴豪放的个性，并形成了特定的民族民间舞蹈，这种民族民间舞蹈属于农牧文化型舞蹈。

藏族舞蹈欣赏

青藏高原的气候十分恶劣，道路十分崎岖，藏族人民由此养成了特有的行动以及劳动方式。舞蹈中“一顺边”就是这种律动体态的完美体现，而膝部松弛等舞蹈动作展现出的是一种微颤的下沉感，同时藏族舞蹈还会运用屈伸步去保证身体重心的上移，进而形成一种晃动感，这些都同藏族人民的劳动生活相互关联。

## 三、东北秧歌

### （一）东北秧歌的特点

东北秧歌是中国北方地区劳动人民长期创造积累的艺术财富，又称扭秧歌。东北秧歌起源于农民插秧耕田的劳动生活，又和古代祭祀农神祈求丰收、祈福禳灾时所唱的颂歌、禳歌有关，并在发展过程中不断吸收农歌、菱歌、民间武术、杂技以及戏曲的技艺与形式，从而由一般的演唱秧歌发展到今天的形式，是我国人民喜闻乐见、具有代表性的一种民间舞蹈。

东北秧歌一般以秧歌舞队为主要形态，舞队人数少则十数人，多时达上百人，根据角色的需要手持相应的手绢、伞、棒、鼓、钱鞭等道具，在锣鼓、唢呐等吹打乐器的伴奏下尽情舞蹈。各地秧歌的舞法、动作和风格各不相同，有的威武雄浑，有的柔美俏丽，千姿百态，美不胜收。

### （二）东北秧歌的动作要领

东北秧歌在舞蹈形式中，主要是以走相、稳相、鼓相、手巾花来体现舞蹈风格的，常用的道具是手绢和扇子；音乐也很有特点，唢呐和小钹为常用的伴奏乐器。东北秧歌舞蹈表演，舞蹈者在体态上始终保持前倾，出脚时踢抬有力；收回时落地快而扎实。把膝部规律性的顿挫和舞蹈翻转时的爽利结合起来，形成了东北秧歌特殊的体态律动，人们称之为“艮劲”，这种“艮劲”也同时与东北人民刚强不屈的性格相吻合，体现出东北平原乡村人民独特的生活习俗和性格气质。

欣赏东北秧歌要从脚步动作看起，从身体上表现出的自下而上的协调美，体现出由脚下的踢步带动上身的扭摆和腕部的绕花的协调性；同时，要看手巾花的表演技艺，这是舞蹈表演中突出表现力的主要环节，常以不同手绢花耍法和节奏变化来表现不同的人物性格，比如既可以用优美的“片花”表现大姑娘的秀美和羞涩，又能以灵活脆快的“小燕展翅”表现小姑娘的俊俏和泼辣。

知识链接

### 东北秧歌

东北秧歌流传于我国的东北三省。它具备热烈、火爆、逗趣、诙谐的独特风格特点，并且形成了一套完整的表演形式，蕴含着东北人民的审美心态和艺术情趣。东北秧歌有其特定的风格，这种风格存在于各种动作之中。东北秧歌形式诙谐，风格独特，广阔的黑土地赋予了它纯朴而豪放的灵性和风情，它融泼辣、幽默、文静、稳重于一体，将东北人民热情质朴、刚柔并济的性格特征挥洒得十分到位。稳中浪（活泼），浪中俏，俏中艮，总体归纳为“浪、俏、艮”。不管春夏秋冬，都有自发的秧歌队伍在路边或活动中心翩翩起舞，不同秧歌队伍相逢时，就会鼓乐齐鸣，以礼相拜，接着就是一场各显高低的竞技性表演，观众为之叫好，表演者自娱其中，忘我投入，情趣万千。

它的表演形式一共有三种：大鼓秧歌、小鼓秧歌、地秧歌。

大鼓秧歌流传最广，主要通过使用的道具来与小鼓秧歌进行区分。

小鼓秧歌表演者脚踩木制跷腿，以腰鼓和手锣伴奏。

地秧歌是一种不踩高跷表演的秧歌，现在我们在课堂上所学的就属于地秧歌。地秧歌又叫“地蹦子”。

东北秧歌欣赏

## 四、蒙古族舞蹈

### （一）蒙古族舞蹈的特点

蒙古族由于长期生活在草原的地理环境和气候条件下，自古以来崇拜天地山川和雄鹰图腾，因此蒙古族舞蹈具有浑厚、含蓄、舒展、豪迈的特点。蒙古族人民在生活中创造了大量的音乐、舞蹈，其舞蹈强调肩部、臂部、手部动作的训练，能够提高灵活性和协调配合的能力，能够在情感、形态、运气、发力中时刻体现出“圆”的观念。

蒙古族舞蹈有以下 4 种类型：

（1）筷子舞：风格粗犷强健，节奏性强，给人以热情奔放和勇敢的美感。

（2）盅碗舞：多出现在庆典酒宴上，舞蹈动作细腻，给人以优美、精湛、典雅的美感。

（3）狩猎舞：是古代沿袭下来的一种自娱性较强的舞蹈，风格活泼、畅快、洒脱。

（4）安代舞：一种群众性的即兴歌舞，风格奔放、热烈、欢腾。

### （二）蒙古族舞蹈的动作要领

蒙古族舞蹈动作多以抖肩、翻腕来表现蒙古族人民热情开朗的性格。

在蒙古族舞蹈中，我们应主要欣赏抖肩、揉臂和马步。抖肩要体现松弛自如但又具有力度、韧性、弹性和灵活性；呼吸与步法相配合，要有呼吸带动步法的起伏感，膝部具有控制力，以气息体现动作的轻重缓急、大小强弱、抑扬顿挫。

**知识链接**

**蒙古族舞蹈**

蒙古族舞蹈不仅内容丰富、形式多样，而且风格特征十分鲜明突出。如男性舞蹈讲究强健勇敢，女性舞蹈突出端庄典雅，这种鲜明的艺术风格是蒙古族人民的审美心理决定的，他们把强悍勇敢作为一种品德来崇尚，而不单纯是追求艺术形式的强悍，舞蹈的人物不仅要有造型美，更要有性格美。

蒙古族舞蹈节奏明快、舞步轻捷，在一挥手、一扬鞭、一跳跃之间洋溢着蒙古族的淳朴、热情、勇敢、粗犷和剽悍，表现出蒙古族开朗豁达的性格和豪放英武的气质。

蒙古族舞蹈《鸿雁》

## 第二节 傣族舞蹈组合

### 一、基本动作

#### （一）基本手型

（1）掌形手型：四指并拢伸直，虎口张开，大拇指与其余四指垂直、伸平，五指用力翘起（见图 5－1）。

（2）冠形手型：食指与大拇指相捏，形成一个圈形，其余三指依次张开成扇形，如孔雀头上的翎毛（见图 5－2）。

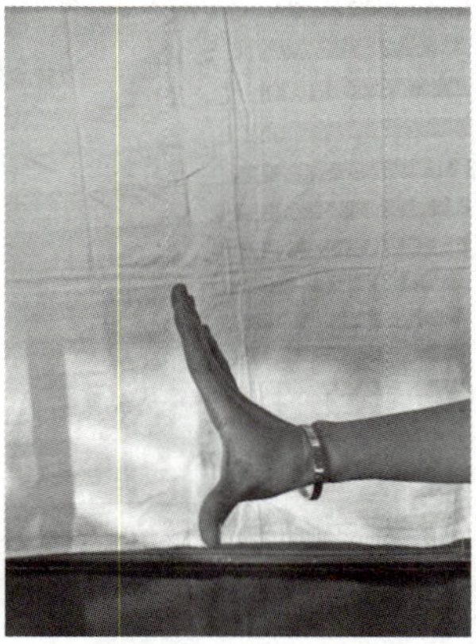
图 5－1　掌形手型

图 5－2　冠形手型

（3）嘴形手型：在掌形手型的基础上，食指与大拇指用力捏在一起，成水滴形；食指微微弯曲，其余三指分别翘起（见图 5－3）。

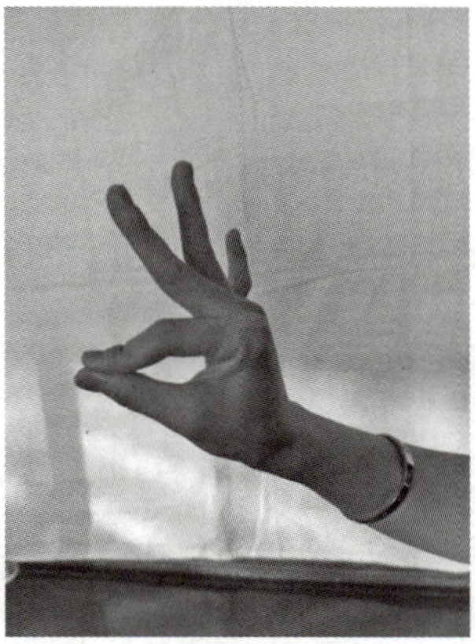
图 5－3　嘴形手型

### （二）基本手位

（1）一位手。双手掌形手型，手背相对提腕，指尖朝地面，放在大腿前侧，形成“三道弯”。

（2）二位手。在一位手的基础上，保持“三道弯”，手向上抬起到胃部的前方。

（3）三位手。在二位手的基础上，保持“三道弯”，手向上抬起到头顶斜上方。

（4）四位手。在三位手的基础上，右手保持三位不动，左手下到二位。

（5）五位手。右手保持三位手不动，左手向旁打开成七位手，与肩齐平。

（6）六位手。右手向下至二位，左手保持七位不动。

（7）七位手。双手打开至与肩齐平的位置，手背对自己，保持“三道弯”。

（8）抱腕掏手。该动作一般为动作与造型之间的连接动作。双手从胯的两侧提至腰的两侧，由小拇指发力从后向前、从里向外绕腕，呈半握拳状，手肘尽量向后夹紧。配合膝盖的屈伸感觉主动翻腕，用手背半握拳下压或上提腕连接下一个动作。

## 二、组合练习

准备：面对左边，左脚前踮步加半蹲，身体前倾，保持“三道弯”的体态（见图 5－4），右手掌形手型放在胯旁。

### （一）组合练习：第一段

#### 1. 第一个八拍

第 1～4 拍：在造型的基础上呼气下沉，落手。

第 5 拍：上右脚前踏步，身体直立，双手掌形手型，左手快速经体侧穿手到三位，右手掌形手型放在胯旁，展胸腰，眼睛看左手斜上方向。

第 6～8 拍：停在造型上，保持不动。

#### 2. 第二个八拍

第 1 拍：换重心到右脚，同时转身面对正后方，变成左旁踮步，右手打开到七位，左手背手贴在身体后，双手掌形手型，指尖向上翘，回头看右侧方向（见图 5－5）。

图 5－4

图 5－5

第 2～4 拍：停在造型上，保持不动。

第 5～6 拍：在造型的基础上，右手转腕，手掌与地面平行，手指指向右侧，一拍完成。

第 7～8 拍：停在造型上，保持不动。

**3. 第三个八拍**

第 1～4 拍：第 1 拍保持不动，第 2 拍吸气，同时双臂打开至腰旁，绕腕两次；第 3 拍、第 4 拍呼气，同时双手向身体方向收，身体重心在右脚，下右旁腰，左腿在旁，收小腿，眼睛看左手斜下（见图 5－6）。

第 5～8 拍：双手指尖带着，回到第二个八拍第 1～4 拍的造型上。

**4. 第四个八拍**

第 1～4 拍：向前上右脚，左手经头顶绕划，放到胯旁；右手斜上伸展，同时转腕，指尖向下压；头向左上方看，下右旁腰（见图 5－7）。

第 5～8 拍：原地转两圈。

**5. 第五至第八个八拍**

做第一至第四个八拍的反面动作。

**6. 第九个八拍**

第 1～2 拍：面朝左侧，右脚前踮步，右手穿手到三位，左手在腰后，展胸腰，眼睛看右手斜上方向（见图 5－8）。

图 5－6

图 5－7

图 5－8

第 3～8 拍：呼气，同时做侧方碎步后退，右手朝身体正前方慢落至二位。

### 7. 第十个八拍

第 1～4 拍：下右旁腰，右脚旁踮步，左手至胯旁，眼睛看左边斜上。

第 5～8 拍：以左脚为重心，捻转半圈，面对正前方，造型保持不变（见图 5－9）。

### 8. 第十一个八拍

第 1～4 拍：先迈左脚，向右边行进三步，变成右脚旁踮步，双手同时在七位手的基础上经腋下掏手到三位，掌心相对，向右下旁腰，眼睛看左边斜上方（见图 5－10）。

图 5－9

图 5－10

第 5～8 拍：保持造型。

### 9. 第十二个八拍

第 1～4 拍：回身向正后方行进，双手慢落到自然位。

第 5～6 拍：右脚快速旁踮，提胯，右手贴着身体斜后穿手到三位，左手从腰间穿手到后腰的位置，指尖朝下，手放在身体中间，眼睛向左边斜上方看出。

第 7～8 拍：呼气，右手慢落，沉重心，结束。

## （二）组合练习：第二段

### 1. 第一个八拍

先走右脚，两拍一步，掌形手型，双手在胯旁自然摆动；第四步原地踮步；眼看正前方（见图 5－11）。

### 2. 第二个八拍

做第一个八拍的反面动作。

**3. 第三个、第四个八拍**

重复第一个、第二个八拍的动作。

**4. 第五个八拍**

右转身，朝右斜前方向行进，两拍一步，掌形手型的推拉手两次（见图 5－12、图 5－13）。

图 5－11

图 5－12

图 5－13

**5. 第六个八拍**

重复第五个八拍的动作。

**6. 第七个、第八个八拍**

做第五个、第六个八拍的反面动作。

间奏四拍：对右斜前方向上左脚踏步；右手向前平推，掌心朝上，指尖向下，与胸齐平；左手胯旁按手，一拍到位，保持不动（见图 5－14）。

**7. 第九个八拍**

面对正前方向行进，先走右脚，双手后平摆，一拍一步，最后一拍转身对正后方向（见图 5－15）。

**8. 第十个八拍**

重复第九个八拍的动作。

间奏四拍：快转身面向正前；右脚旁踮步；左手向上伸直，四指指尖向后打开，大拇指向上；左手掌形手型上托至锁骨处（见图 5－16）。

图 5-14

图 5-15

图 5-16

### （三）第三段

#### 1. 第一个八拍

第 1～4 拍：换重心撤右脚，面对右斜前方向，左脚前踮步，上身在“三道弯”的基础上前倾，右手二位平托手，左手至胯旁。

第 5～8 拍：保持造型，屈伸两拍一次，做两次。

#### 2. 第二个八拍

第 1～4 拍：提落换重心到左脚旁踮步，下左旁腰，右手向里经上弧线落到胯旁，左手从胯旁穿手到七位平托，眼睛看右边斜上方。

第 5～8 拍：保持造型，屈伸两拍一次，做两次。

#### 3. 第三个八拍

第 1～4 拍：面对正后方向，左脚在前或踏步，半蹲，右手贴着身体穿手到头顶，左手贴着身体平推，与肩平齐，眼睛看左手的方向（见图 5-17）。

第 5～8 拍：保持造型，屈伸两拍一次，做两次。

### （四）第四段

#### 1. 第一至第四个八拍

重复第二段的第一至第四个八拍的动作。

#### 2. 第五至第六个八拍

面对左斜后方向做第二段的第五个、第六个八拍的动作。

间奏四拍：上右脚踏步转身对正前方向，同时双手向旁平开，左手经头顶划手打开到七位，下右旁腰。

**3. 第七个八拍**

向前起先走左脚，一拍一步，向左原地转一圈，左手胯旁按掌，右手至左胯前按掌（见图 5－18）；左手胸前平穿手，指尖带着走圈，眼睛看左后，形成回旋的体态。

图 5－17

图 5－18

**4. 第八个八拍**

第 1～6 拍：面对正前方向，向左侧方向行进，先迈左脚，左手胯旁随动，留头看一点，一拍一步（见图 5－19、图 5－20）。

图 5－19

图 5－20

第 7～8 拍：面对左侧方向，上右脚前踮步，右手胯旁，左手穿手至三位，指尖朝外，结束。

## 三、实训提示

（1）在学习傣族舞蹈的过程中要时刻注意保持身体“三道弯”的体态。

（2）做基本步法时注意下身弧线的运动路线，小腿快踢在弱拍完成。

（3）注意手型。

（4）注意培养高雅气质与优雅动作的仪态。

（5）训练时应刚柔相济、动静配合，以体现舞蹈风格。

（6）注意做动作时气息需要保持下沉，肩膀放松，脖子拉长。

（7）所有动作出手时走最大路线，收手时走最近路线。

（8）膝盖的屈伸要贯穿整个傣族舞蹈的练习，膝盖要随着呼吸起伏，有韧性，不要干巴巴地伸直或弯曲，伸直到微直即可，不需要伸得太直，注意膝盖连绵不断的感觉，在所有的步伐中也要注意膝盖的屈伸感觉。

（9）由于傣族女孩多穿筒裙，因此要注意所有的腿部动作。除个别动作外，膝盖以上尽量并拢，用小腿做动作，膝盖对齐，不要前凸后凹，影响整体的形象美感。

# 第三节 藏族舞蹈组合

## 一、基本动作

### （一）基本体态

正步，膝盖松弛，上身松弛前倾，小八字脚位，胯部放正，下腭微含，含胸，垂臂，可根据动作选择五指自然并拢，轻轻贴于前胯，或两臂自然下垂。

### （二）基本律动

（1）颤膝。基本体态准备，脚站小八字位，身体自然松弛直立，略微含胸，两臂自然下垂，目视前方；膝部屈伸颤动，重拍向下，要有弹性和下沉感。

（2）屈伸膝。基本体态准备，双手扶胯，膝盖缓慢地在弯曲和伸直之间交替变换，重拍向上，双腿放松，膝盖要有韧性，动作要做满音乐节奏，强调“慢起快落”的节奏特点。

（3）懈胯与左右晃身。左腰上提，右腰放松下沉，来回交替，身体晃动要自然，动作不要过大。懈左胯的同时，右脚半脚掌踏地，屈膝，落脚时身体回到基本形态，左右重复。

## 二、组合练习

准备（两个八拍）：面对正后方向，左后踏步蹲，右手旁平开，左手三位托袖（见图 5－21）。

### （一）第一段

#### 1. 第一个八拍

第 1～4 拍：原地踏步加蹲颤膝律动。

第 5～8 拍：边踏步边颤动，边原地加转身（向左）。

#### 2. 第二个八拍

第 1～8 拍：继续第一个八拍的动作，转到正前方向。

#### 3. 第三个八拍

第 1～4 拍：转到正后方向，朝左斜后方跑。

第 5～8 拍：第 1 拍双手朝斜上方抛手，双手与肩同宽，慢沉气（见图 5－22）。

**图 5－21**

**图 5－22**

间奏四拍：先撤右脚，一拍一步，从左边回身，朝正前方向。

#### 4. 第四个八拍

第 1～4 拍：第 1 拍抛手，右手伸直朝斜上，左手七位平开，同时向右斜前方向上步，立半脚，眼睛看右斜上方。

第 5～8 拍：在原有的舞姿上慢沉，呼气，落手。

**5. 第五个八拍**

第 1～4 拍：先迈左脚、三连步，右脚踮步，带手，第 1 拍双手平开，左手经内弧线到三位手。

第 5～8 拍：碎步往 8 点钟方向前进，第 8 拍上右脚立回身，右手在右前，左手背腰后（见图 5－23）。

**6. 第六个八拍**

第 1～8 拍：向左跑一周回原位，朝正前方向。

**（二）第二段**

**1. 第一个八拍**

第 1～4 拍：面对正前方行进，一拍一步，先迈左脚，左手胯前摆手，右手在锁骨前的位置（见图 5－24）。

第 5～8 拍：立半脚，同时左脚旁上步滑步，七位平开手，侧重心右旁上步做反面动作，两拍一次（见图 5－25）。

图 5－23

图 5－24

图 5－25

**2. 第二个八拍**

第 1～4 拍：面对正前方向行进，一拍一步，先迈左脚，加双手胯前摆手，双手保持与肩同宽。

第 5～8 拍：重复第二段第一个八拍第 5～8 拍的动作，最后一拍左手开手的同时左转身，面向正后方，双手收至背后。

**3. 第三个八拍**

面向正后方向行进，先迈右脚，一拍一步，同时双手胯旁慢起手，掌心朝上，到三位。

**4. 第四个八拍**

两拍一次撩步左转身到前方，先撩左脚，同时双手慢落，收至胯旁（见图 5－26）。

**5. 第五个八拍**

面向正前方向，一拍立，向左倒重心，往右侧方向行进，一拍一步，第 7 拍、第 8 拍原地前踮步，同时双手从七位经下弧线向外开手。

**6. 第六个八拍**

做第五个八拍的反面动作，最后一拍开手，同时转身面向左斜后方向，双手收到背后。

**7. 第七个八拍**

面向左斜后方向行进，先迈右脚，一拍一步，同时双手胯旁慢起手，掌心朝上，到三位。

**8. 第八个八拍**

两拍一次挫步左转身到前方，先撩左脚，同时双手慢落，收至胯旁。

**（三）第三段**

**1. 第一个八拍**

第 1～4 拍：面向右斜前方向，“之”字形行进，一拍立，向左倒重心，做三连步，一拍一步。第 4 拍原地前踮步，同时双手从七位经下弧线向外开手（见图 5－27）。

**图 5－26**

**图 5－27**

第 5～8 拍：做第三段第一个八拍的第 1～4 拍的反面动作。

**2. 第二个八拍**

做第三段第一个八拍的动作。

**3. 第三个八拍**

第 1～2 拍：重心在左脚，右脚前点步；双手从胯旁经下弧线快速向上，右手七位，左手三位（见图 5－28）。

第 3～4 拍：左脚原地跺步两次，一拍一次，重心在右脚，膝部自然弯曲，颤膝，同时右手至身体斜后，左手至身体前，双臂自然弯曲，双手按掌。

第 5～8 拍：重复第三段第三个八拍第 1～4 拍的动作。

**4. 第四个八拍**

重复第三段第三个八拍的动作。

**5. 第五、第六个八拍**

面对右斜前方向，右脚旁踮步，重心在左腿，双手经身体侧前后摆臂，左手前、右手后，原地踏步，二拍一次，做两次（见图 5－29）。

图 5－28

图 5－29

**6. 第七个八拍**

面对正前方颤端步，上身前倾，双手与肩同宽，在二位手基础上摆手，两拍一次。

**7. 第八个八拍**

先起左脚，颤端步加摆手，两拍一次，每次面向左转身，分别朝 10 点钟方向、8

点钟方向、6 点钟方向、4 点钟方向，2 点钟方向，12 点钟方向。

### （四）第四段

**1. 第一个八拍**

第 1～2 拍：面对正前方向，颤端步，两拍一次，加拧身甩手，先起左脚，拧身向左，双手平甩手（见图 5－30、图 5－31）。

第 3～4 拍：做第四段第一个八拍第 1～2 拍的反面动作。

第 5～8 拍：重复第四段第一个八拍第 1～4 拍的动作。

**2. 第二个八拍**

第 1～4 拍：面向正前方，第 1 拍身体直立，同时平开手，向 7 点钟方向三连步后退。

第 5～8 拍：第 1 拍右脚前点，快收至后踏步，双手七位。踏步的同时，双手上至三位，掌心朝上，身体重心在前，上身前倾。

**3. 第三个、第四个八拍**

做第四段第一个、第二个八拍的反面动作。

**4. 第五个八拍**

第 1～4 拍：面对正前方，朝左斜前方向行进，先迈左脚，左三连步，第 4 拍右腿撩腿。第 1 拍时，身体直立，同时双手平开，双手绕下弧线抬至如图 5－32 所示的位置。

**图 5－30**

**图 5－31**

**图 5－32**

第 5～8 拍：做第四段第五个八拍的第 1～4 拍的反面动作。

**5. 第六个八拍**

第 1～4 拍：三连步向后退，先撤左脚，第 4 拍原地踮步，双手如图 5－33、图 5－34 所示。

第 5～8 拍：做第四段第六个八拍的第 1～4 拍的反面动作。

图 5－33

图 5－34

**6. 第七个八拍**

重复第四段第五个八拍的动作。

**7. 第八个八拍**

第 1～4 拍：重复第四段第六个八拍的第 1～4 拍的动作。

第 5～8 拍：面对前方，重心在左脚，右脚经踮步，快速收至右脚在后的踏步蹲。身体前倾，同时左手七位，右手上至三位，在踏步舞姿上结束。

## 三、实训提示

（1）颤膝时强调重拍向下，松弛、自如、灵活。

（2）屈伸动作在移动重心时，重心一侧的胯部要顺势松懈，也称“坐懈胯”。

（3）做撩腿动作时，提腿由膝部带动，撩腿以小腿带动，落脚时脚背要有重量感。

（4）做颤端步时重拍在下，起伏平稳，腿部不要过分用力。

（5）组合节奏准确，动作协调，连贯性要好。

（6）除了动作的规范与标准，还应注意气息的运用。

（7）手臂和上身要注意协调配合。

（8）理解藏族舞蹈的风格特点，在表演中应注意动作细节。

## 第四节　东北秧歌舞蹈组合

### 一、基本动作

#### （一）基本体态

身体直立，重心略微前倾到前脚掌（见图 5－35）。

#### （二）基本脚位

正步位，见图 5－36。

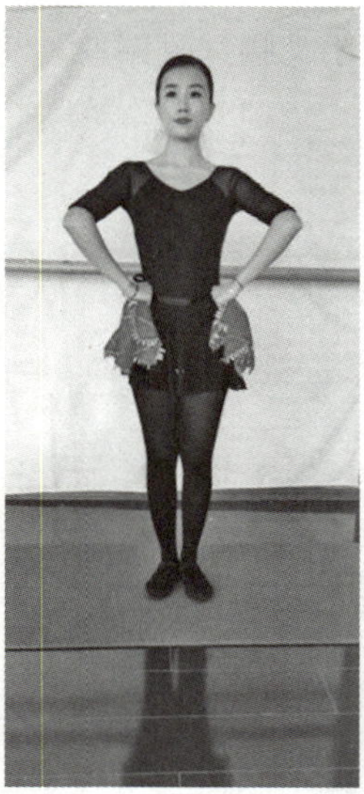

图 5－35　东北秧歌基本体态

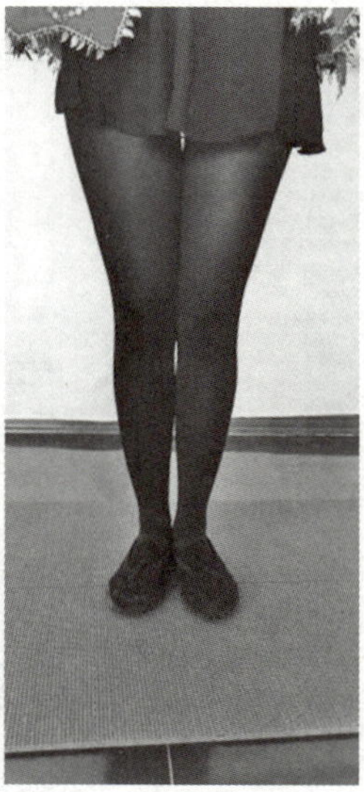

图 5－36　东北秧歌基本脚位

#### （三）手绢花的拿法

虎口捏绢，见图 5－37、图 5－38。

### 二、动作组合

准备：面对正前方，正步位站立，重心前倾。双手拿手绢，自然下垂。

图 5 - 37

图 5 - 38

### （一）第一段

第 1～4 拍：准备。

第 5～8 拍：双手胯前平开，里绕花，同时双手叉腰（见图 5 - 39）。

图 5 - 39

#### 1. 第一个八拍

原地上下律动，先向右做，2 拍一次，做 4 次。

#### 2. 第二个八拍

原地前后律动，先出右边，2 拍一次，做 4 次。

#### 3. 第三个八拍

原地画圈律动，先做右边，2 拍一次，做 4 次。

#### 4. 第四个八拍

原地画圈律动加前踢步，上身先做右边，踢左脚，2 拍一次，做 4 次。

#### 5. 第五个八拍

第 1～2 拍：右手胯前绕花一次（见图 5－40）。

第 3～4 拍：右手与肩平齐，斜前绕花一次。

第 5～8 拍：右手胸前绕花一次（见图 5－41）。

图 5－40

图 5－41

#### 6. 第六个八拍

做第一段第五个八拍的反面动作。

#### 7. 第七个八拍

在胸前交替绕花，右手先做，2 拍一次，做 4 次。

#### 8. 第八个八拍

继续在胸前交替绕花，同时前踢步。

### （二）第二段

#### 1. 第一个八拍

第 1～4 拍：上左脚，踏正步位面对右斜前方向，双手同时打开至七位停住。

第 5～8 拍：上下律动，先出右手做手绢花，2 拍一次，做 2 次。

### 2. 第二个八拍

第 1～4 拍：上左脚到正步位，面对 1 点钟方向，双手三位，掌心向上（见图 5－42）。

第 5～8 拍：前后律动，先出右手做手绢花，2 拍一次，做 2 次。

### 3. 第三、四个八拍

做第二段第一个、第二个八拍的反面动作。

### 4. 第五个八拍

双手胸前交替绕花向三点钟方向行进，先迈右脚，2 拍一次。

### 5. 第六个八拍

向右走圈，走一圈后回原地。

### 6. 第七、第八个八拍

向反方向行进，做第二段第五、第六个八拍的反面动作。

## （三）第三段

### 1. 第一个八拍

碎步左转一圈，画圈律动 4 次（见图 5－43）。

图 5－42

图 5－43

### 2. 第二个八拍

第 1～4 拍：正步，双手胸前平开至三位。

第 5～8 拍：上下律动两次。

**3. 第三个八拍**

第1～4拍：手绢收于腋下（见图5－44）。

第5～8拍：右脚上前一步，左脚侧踮步，左手斜上伸出，右手自然下垂，头向左转，眼看正前（见图5－45）。

**4. 第四个八拍**

第1～8拍：左腿上前一步屈膝，右腿在后屈膝踮步，双手胸前画弧线，右臂完全放在胸前，左臂向左侧伸出，双手掌心向外，头向左（见图4－46）。

图5－44

图5－45

图5－46

## 三、实训提示

（1）基本律动压脚跟，注意切分节奏，脚跟要抬得低，快速压下，压在正拍上。

（2）上下律动的发力点在腰，是上下扭动，扭在附拍上。

（3）前后律动的发力点在腰，是前后扭动。

（4）划圈律动的发力点在腰，画“8”字形弧线扭动。

（5）手绢花的里绕花要以指带腕，慢起，快压绕，压腕翘指，掌心向前。

（6）交替手绢花自身侧抬起，以指带腕、腕带臂，切忌肘主动。

（7）前踢步出脚急，落脚稳，慢移重心。脚离地时，保持脚的自然形态。

（8）除了肢体动作的表现力，还应注意面部的表情，以及眼神和动作的配合，这能大大提高肢体动作的美观性。

(9) 舞步要规范准确、灵活轻快，舞姿不能僵硬。

(10) 身体、头部与腿部的配合要协调、自然，动作要做在节拍里，注意肢体姿态的表现力。

# 第五节 蒙古族舞蹈组合

## 一、基本动作

### (一) 基本体态

自然站立，小八字位，提胯、立腰、拔背、敞胸，重心略偏后，膝盖自然松弛。

### (二) 基本手位

(1) 平手：四指并拢，用力伸直，虎口打开。

(2) 一位手：双手与肩同宽，平手手型置于胯下，掌心向下，指尖相对，手肘微弯成弧形。

(3) 二位手：在一位手手臂弧度的基础上向上抬起，然后屈臂于小腹前，掌心向下。

(4) 三位手：在二位手的基础上，双手向两边打开，双手放在身体的旁侧前。

(5) 四位手：双手在三位手的基础上向上平行抬高，与肩膀齐平。

(6) 五位手：双手在四位手的基础上向上抬高，放于肩的斜前上方，形成一个V字形。

(7) 六位手：两手向里切臂，肘部架起，指尖相对，相距约一拳。

(8) 七位手：手叉腰，四指半握拳，掌心向下，虎口叉于腰上，肘部微端。

### (三) 基本脚位

蒙古族舞蹈的基本脚位有小八字位（见图5－47）、踏步（见图5－48）、点步（见图5－49）等。

## 二、动作组合

准备：两组分别在场下两侧准备。

图 5－47　小八字位

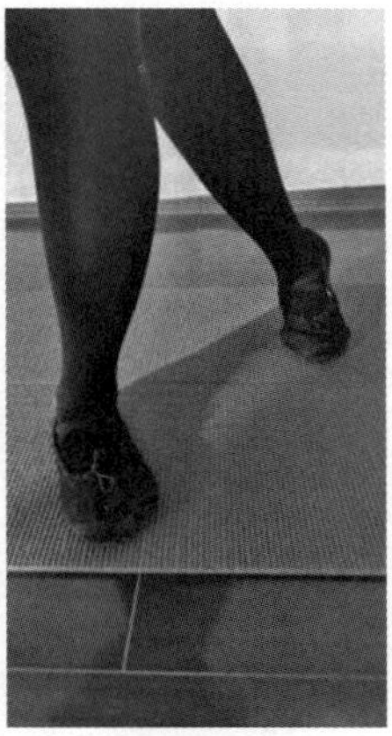

图 5－48　踏步

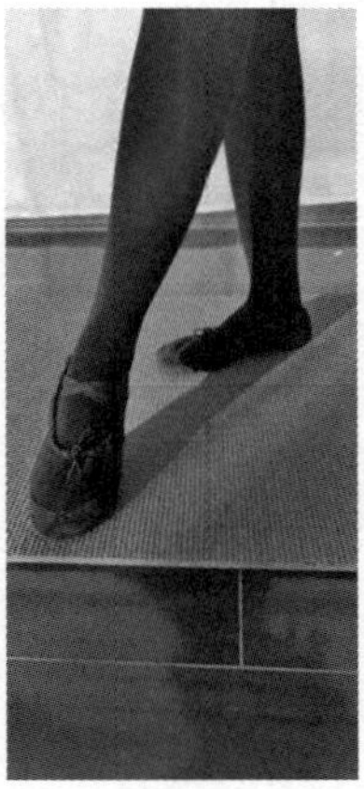

图 5－49　点步

（一）第一段

**1. 第一个八拍**

候场，横排在后场准备出场。

**2. 第二个八拍**

面对正后方，碎步从两侧走出，同时双手体后交替小柔臂，4 拍一次。

左侧出场的先向右柔臂（见图 5－50），右侧出场的先向左柔臂，走成两排对齐，左边出场的站第一排。

图 5－50

**3. 第三、第四个八拍**

两排同时右转身面对正前方向，碎步“之”字形前进，双手体旁交替大柔臂，先向左走，4 拍一次。

#### 4. 第五、第六个八拍

向右快转身，面对 5 点钟方向，“之”字形向后碎步行进，双手体旁交替大柔臂，4 拍一次。

### （二）第二段

#### 1. 第一个八拍

上左脚，左转身，踏步，双手叉腰（见图 5－51）。硬肩 2 拍一次，做 4 次，先出右肩。

图 5－51

#### 2. 第二个八拍

柔肩 2 拍一次，上身前倾做 4 拍，后靠做 4 拍，原地踏步，膝部随呼吸加小幅度屈伸。

#### 3. 第三个八拍

上右脚，面对左斜前方向踏步，重复第二段第一个八拍的动作，先出左肩。

#### 4. 第四个八拍

重复第二段第二个八拍的动作。

#### 5. 第五个八拍

上右脚，面对正前方向行进，同时做硬肩，4 拍一次。

#### 6. 第六个八拍

继续向前行进，快硬肩，2 拍一次。

**7. 第七个八拍**

撤右脚，向后退，同时做硬肩，4 拍一次。

**8. 第八个八拍**

继续向后退，快硬肩，2 拍一次。

## （三）第三段

**1. 第一个、第二个八拍**

向右侧方向横移，右脚向旁迈步，起右肩；

后脚跟上，硬肩，出左肩，继续横移，加快节奏，2 拍一次，见图 5－52、图 5－53。

**2. 第三、第四个八拍**

向左斜前方向上左脚，回身原地慢走圆圈，4 拍一次；走两步，然后加快，2 拍一次地走四步，正好走完一圈回原地，面对 1 点钟方向。

**3. 第五、第六个八拍**

做第三段第一个、第二个八拍的反面动作。

**4. 第七、第八个八拍**

做第三段第三、第四个八拍的反面动作。

## （四）第四段

**1. 第一个八拍**

面对正前方向，上右脚踏步位（见图 5－54），双手体前一位硬腕，2 拍一次，做 4 次。

图 5－52

图 5－53

图 5－54

**2. 第二个八拍**

双手经过胯旁打开，掌心向下，按掌，硬腕，2 拍一次，做 4 次。

**3. 第三个八拍**

第 1～4 拍：双手经下弧线画圈一周到胸前，同时左脚向旁迈步，换重心左脚旁点步（见图 5－55），眼睛看左前方向。

第 5～8 拍：硬腕手 2 拍一次，做 2 次。

**4. 第四个八拍**

第 1～4 拍：换重心右脚旁点步，双手经下弧线画圈一周到七位平开，右手高，眼睛看前方（见图 5－56）。

**图 5－55**

**图 5－56**

第 5～8 拍：硬腕，2 拍一次，做 2 次。

**5. 第五、第六个八拍**

做第四段第一、第二个八拍的反面动作。

**6. 第七、第八个八拍**

做第四段第三、第四个八拍的反面动作。

**（五）第五段**

**1. 第一个八拍**

第 1～4 拍：换重心到左脚，右脚旁点步，交替硬腕，1 拍一次，做 4 次。先压右手（见图 5－57）。

第 5～8 拍：左脚收后踏步位，双手上提，胸前交替硬腕，先压右手，1 拍一次，做 4 次，胸腰，重心在两脚之间。

**2. 第二个八拍**

第 1～4 拍：左脚旁点步，重复第五段第一个八拍的动作。

第 5～8 拍：左脚收成后踏步位，双手打开（见图 5－58），交替硬腕，先压右手，1 拍一次，做 4 次。

**3. 第三个八拍**

换重心，右脚上前旁点步，同时左手叉腰，右手打开伸直，身体后倾（见图 5－59）。左手硬腕，先做压腕，2 拍一次，做 4 次。

图 5－57

图 5－58

图 5－59

**4. 第四个八拍**

双手保持原位，身体左倾，眼睛看左边斜上方，继续做硬腕。同时先迈右脚，走一周，回正前方向。

**5. 第五、第六个八拍**

做第五段第一、第二个八拍的反面动作。

**6. 第七、第八个八拍**

做第五段第三、第四个八拍的反面动作。

## 三、实训提示

（1）提胯、立腰、拔背、敞胸、重心略偏后。

（2）目光远视，气息下沉，稳重、端庄、含蓄、柔中带刚。

（3）碎步时膝、踝关节松弛灵活，双脚在正步位基础上，步幅小而碎，行走时要平稳。

（4）硬腕时五指自然平伸，由腕部带动手掌有弹性地提、压，切忌手指主动。突出腕部的顿挫感，干脆利落。

（5）柔臂时由肘部发力，背部舒展。从肩、肘、腕、掌、指到指尖，呈连绵不断的波浪式运动。

（6）肩的动作是蒙古族舞蹈中比较重要的部分，要注意每种肩的不同之处，硬肩要有棱有角，柔肩则是柔和有韧性；碎抖肩时肩部要灵活，抖肩要快速均匀、流畅自如。

（7）轻骑训练组合主要训练下肢的灵活性、稳定性与控制能力，要注意腿部动作的标准和稳定性，上身要配合下肢完成动作。

（8）眼神要有看到辽阔大草原的感觉，还要注意气息与肢体动作的配合。

## 本章小结

各个民族的舞蹈都有独特的肢体感觉和肢体语言，二者结合在一起就是形体舞蹈。形体舞蹈动作在练习中要注意肢体的线条美感，重在培养气质，给人一种高雅、舒服、有活力的感觉。学生学习民族民间舞蹈的基本体态、律动、步伐、舞姿等内容，掌握动作规范性和运动规律，培养高雅的气质，纠正生活中不正确的姿态。学生通过学习与锻炼，在优美的音乐中可达到收腰、健胸、美腿的目的，并可修身养性，提升气质、风度、仪表，加强对形体美的认识。

## 思考题

1. 请回顾并介绍本章涉及的各个民族舞蹈的特点。
2. 藏族舞蹈的手型和手位都有哪些？
3. 蒙古族舞蹈的基本特点是什么？
4. 转手绢花有哪些技巧？

## 实训项目

1. 练习“三道弯”。
2. 以《北京的金山上》为背景音乐，练习藏族舞蹈动作组合。
3. 练习手绢花。

# 第六章 瑜伽训练

## 学前导读

瑜伽是一项历史悠久的关于身体、心理以及精神的练习，起源于印度，其目的是改善练习者的身体和心性。经常练习瑜伽可以增进人们身体、心智和精神上的健康。瑜伽能够带给人优雅的气质、轻盈的体态，提高人的内在气质；瑜伽能够减压养心，释放压力，达到修心养性的目的；瑜伽能够促进血液循环，修复受损组织，使身体组织得到充分的营养。

## 知识目标

1. 了解瑜伽的基本背景文化知识
2. 了解瑜伽对身体和心理的作用
3. 掌握瑜伽的基本练习动作

## 能力目标

1. 做出标准而协调的瑜伽动作
2. 通过掌握瑜伽动作，提升气质及身体柔韧性

## 素养目标

1. 增强身体的韧性，调节身心健康
2. 磨炼坚持不懈的意志力

# 第一节 瑜伽知识概述

## 一、瑜伽的起源

瑜伽起源于古印度，历史悠久。古印度瑜伽修行者在大自然中修炼身心时，无意中发现各种动物天生具有治疗、放松、睡眠或保持清醒的方法，于是古印度瑜伽修行者通过观察、模仿动物的姿势并加以体悟，创立出一套有益身心的锻炼系统，也就是瑜伽。

古印度的瑜伽是探寻“梵我合一”的道理与方法。而现代人所称的瑜伽则主要是一系列的修身养性方法，是一个帮助人们充分发挥潜能的体系。瑜伽姿势运用易于掌握的技巧，改善人们生理、心理、情感和精神方面的能力，是一种达到身体、心灵与精神和谐统一的运动方式，包括调身的体位法、调息的呼吸法、调心的冥想法等，以达身心合一。

**知识链接**

### 瑜伽日

瑜伽是一种古老的身体、心理、精神实践。“瑜伽”一词源自梵文，意为“结合”或“一致”，象征身体与意识的合一。

今天，瑜伽练习在世界各地以多种多样的形式展开并日渐普及。由于认识到瑜伽具有广泛的吸引力，因此联合国将6月21日设为国际瑜伽日。

国际瑜伽日旨在提高全世界对瑜伽练习诸多益处的认识。

设立国际瑜伽日的决议草案由印度提出，该提议最初由印度总理纳伦德拉·莫迪在第69届联合国大会上提出，他说：“今天，我要强调的是，瑜伽是我们古老传统的宝贵礼物。瑜伽体现了心灵和身体的统一、思想与行动的统一……这种整体方法有益于我们的健康和福祉。瑜伽不仅仅是锻炼；它是一种发现自己、世界与自然三者合为一体的方式。”

该决议指出，“个人和全民作出更健康的选择和采取有利于身体健康的生活方式十分重要”。

## 二、学习瑜伽的作用

### （一）修心塑形

从传统的观念来看，要想达到比较好的塑身效果，必须进行大汗淋漓的运动，但是瑜伽却完全打破了人们的固有认识。虽然说瑜伽的动作特别轻盈，但是仍旧要身体上的很多部位进行协调之后才能够完成整个过程。这个过程在无形中消耗了人体多余的脂肪，能够达到锻炼的效果。

### （二）愉悦身心

在竞争日益激烈的现代社会，人们的生活压力越来越大，生活节奏也变得快了起来，人们心里的一些负面情绪无法及时、有效地释放出来，久而久之就会让人们的身体受到影响。在练习瑜伽的时候，人们能够将负面情绪都忘掉，从而令身心变得更加轻松。

## 三、瑜伽和舞蹈的不同

舞蹈是要带着感情去跳的，用姿态去抒发情感、传递情绪、表达思想。瑜伽则不同，瑜伽就是要身心放松地去练，更加注重的是内在的感受，要全身心投入在自己的世界里练习，如冥想瑜伽就是根据瑜伽老师的引导去想象，这就和舞蹈完全不一样。

作为健身运动的瑜伽有以下特征：

（1）瑜伽的动作基于正确的运动医学理论而设计。

（2）瑜伽不涉及竞技性。瑜伽不是比赛，是在安详平和的状态下进行的自我身心锻炼。

（3）瑜伽不引起粗重的呼吸，瑜伽动作自始至终保持着可控性，步骤很分明。

（4）瑜伽练习应配合呼吸，并将注意力放在所练习的部位上。

（5）瑜伽练习从养生的角度来看是养气的。

## 四、瑜伽舞

瑜伽舞

瑜伽舞，又称时尚瑜伽。瑜伽舞传承了印度舞的神秘妩媚和瑜伽的舒缓宁静，将印度舞的顾盼回眸、手舞足蹈、扭腰摆胯完全渗透到瑜伽动作当中，身体语言丰富多彩，手部动作变幻不断，姿态优美。瑜伽舞强调手、眼、心、意四者的统一，内外兼修，可以帮助人们瘦身、舒缓压力，提高身体的平衡力和协调性。

瑜伽舞的动作分为优雅类、冥想类和妩媚类。

## 第二节 瑜伽常见体式及其练习

### 一、瑜伽常见姿势

#### （一）坐姿

**1. 前倾式**

向前倾的坐姿不仅能放松神经系统，还能使大脑平静下来。特别是对初学瑜伽的人来说，前倾的坐姿要比前倾的站姿更容易完成，因为完成前倾的站姿需要具备一定的平衡能力。

一般来说，只要前倾的坐姿练好了，就为练习前倾的站姿打好了基础。练习前倾式是锻炼平衡能力的有效方式。

**2. 后仰式**

后仰式一般要求身体强而有力，而前倾式则要求身体具备灵活性。同时，后仰式还是巩固和调养身体的方式，特别是能锻炼背部、腿部和臀部的肌肉。如果练习者觉得自己不具备做后仰式的力量，可先练习难度低一点儿的前倾式。

练习后仰式的好处很多。后仰式不仅能增强脊椎的灵活性，保持脊椎的弹性，通过加强血液供应，而使神经系统受益；后仰式伸展了腹部区域，能在很大程度上帮助消化，因为它能调理腹部肌肉和消化器官；后仰式能扩展和打开胸部区域，增加肩膀的灵活性，从而帮助胸部得到更大的扩展；后仰式能为深呼吸创造更好的条件，使呼吸系统受益。在身体保持后仰时，大脑也会进入平静状态。

**3. 脊椎弯曲式**

脊椎弯曲式对排列各个脊椎骨的位置特别有用，它能有效地扭曲腰部以上的脊椎。这些姿势能够温柔地按摩腹部区域的内脏，并提供新鲜的血液滋养器官。脊椎弯曲式能扩胸，为更好地呼吸创造条件，特别是使用胸式呼吸的脊椎弯曲式让神经系统的神经中枢焕发活力。我们可以通过瑜伽脊椎弯曲式使身体的各个部分充满活力。

这些姿势对自主神经系统的影响比较大，特别是对迷走神经的影响。它具备使身体与大脑平静下来的作用，不仅可以使人容光焕发，还可以使人的身体系统充满活力。

### （二）站姿

瑜伽中的站姿有很多种。瑜伽可以在人进行不正确的站立后让身体恢复对称。瑜伽中的站姿还能让大腿和脊椎得到放松和伸展。

### （三）平衡的姿势

瑜伽可以通过平衡或均等地使用身体，使身体灵活地移动，摆正姿势和协调四肢。瑜伽可以使人的大脑宁静安详，注意力集中。

### （四）倒立的姿势

倒立姿势是瑜伽训练中不可或缺的一部分。它们能影响身体的机能，如能消除疲劳，缓解失眠、头痛、静脉曲张、消化系统疾病以及过多的紧张情绪和焦虑。

### （五）休息和放松的姿势

人往往在最放松的时候，有效动作才可以发挥最大的能量。瑜伽中休息和放松的姿势也有许多种。

## 二、瑜伽的呼吸和调息

### （一）腹式呼吸

腹式呼吸强调以膈肌呼吸为主，以改善异常呼吸模式。

卧位或坐位，腹部放松，用双手置于腹部，经鼻缓慢深吸气，吸气时将气体吸往腹部，双手随腹部膨隆而向外扩张。呼气时缩唇将气缓慢吹出，同时双手逐渐向内加压，以增加腹内压，促进横膈上抬，把气体尽量呼出；也可将两手置放于肋弓，在呼气时加压以缩小胸廓，促进气体排出。

### （二）胸式呼吸

胸式呼吸是主要利用胸廓运动使肺扩张或收缩的呼吸方式。医学上将胸式呼吸定义为以肋间外肌舒缩活动为主的呼吸运动。典型的胸式呼吸又称锁骨式呼吸或浅呼吸。胸式呼吸主要靠提起上胸扩大胸腔前后左右径来吸气，吸气抬肩是胸式呼吸的重要标志。在有压力和紧张时，如恐惧，由于腹部肌肉的紧张，常常会限制横膈膜的下降，这时会以胸式呼吸为主。另外，进食过饱、身体姿势不正确或某些膈肌疾病导致腹部活动受限，也会造成胸式呼吸的现象。

### （三）完全（瑜伽）呼吸

（1）先轻轻吸气，吸到腹部的位置，当这个区域已饱满时，接着开始充满胸部区域下半部的位置，渐渐地再充满胸部区域上半部的位置。尽量将胸部吸满，扩张至最大的程度。

（2）吐气，先放松胸部的位置，再放松腹部的位置。

（3）用收缩腹部肌肉的方式结束呼气。这是为了确保将肺部的空气排出。

（4）重复以上动作，循环往复。

向太阳致敬式

## 三、瑜伽姿势的练习

### （一）向太阳致敬式

（1）挺身站立，放松，双脚靠拢，两掌在胸前合十，正常呼吸（如图 6－1 所示）。

（2）双脚平放在地上，双臂高举至头上两手食指相触，掌心相对，缓慢而深长地吸气，上身自腰部起向后方弯下。在这样做的过程中，双臂伸直，上身向后仰以帮助增加脊柱的弯度（如图 6－2 所示）。

图 6－1

图 6－2

（3）一边呼气，一边慢慢向前弯身，用双掌或双手手指触及地板（不要弯曲双膝）。以不感到太费力为限，尽量使头部靠近双膝（如图 6－3 所示）。

（4）保持双掌和右脚在地板上稳定不动，右腿屈膝，慢慢吸气，左腿向后伸展；慢慢抬头，胸部向前方挺出，背部则呈凹拱形（如图 6－4 所示）

图 6－3

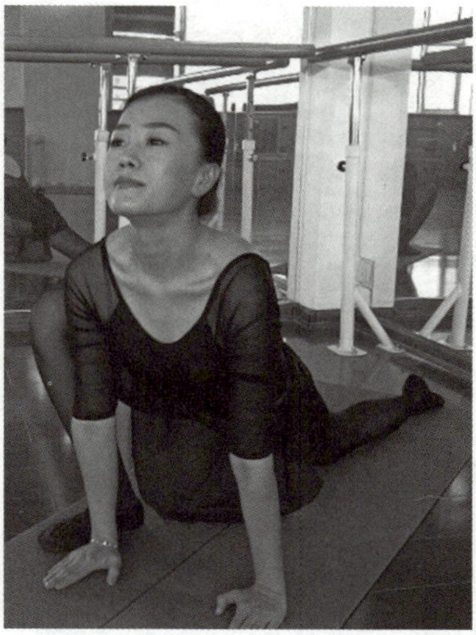
图 6－4

（5）双臂呈弧形，一边慢慢呼气，一边把右腿向后伸展，双腿屈膝，双脚靠拢，臀部向上方抬起（见图 6－5）。双脚脚尖尽量压向地面，双臂和双腿伸直（见图 6－6）。

图 6－5

图 6－6

（6）蓄气不呼，弯曲两肘，膝盖着地，跪在地板上，把胸膛朝着地板方向放低，保持胸部略高于地面，一边慢慢呼气，一边把胸部向前移（如图 6－7、图 6－8 所示）。

图 6-7

图 6-8

(7) 腹部、两条大腿接触地面。吸气，同时慢慢伸直双臂，上身从腰部向上升起。背部应呈凹拱形，向后仰头（如图 6-9 所示）。

(8) 呼气，同时把臀部升高，跪在地板上。

(9) 边吸气，边弯曲右腿并向前迈一大步，右脚脚趾与双手指尖平行。抬头，挺胸（如图 6-10 所示）

图 6-9

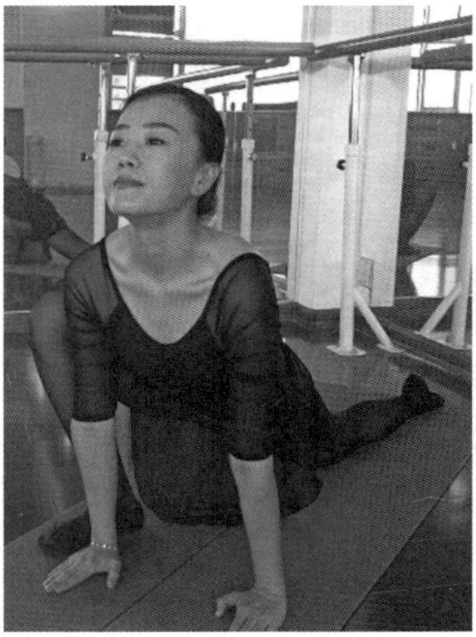

图 6-10

(10) 一边保持双掌放在地板上，一边慢慢呼气，收回右脚并与左脚并拢，伸直

双腿，尽量使头部靠近双膝（如图 6－11 所示）

图 6－11

（11）吸气，双臂伸直慢慢抬高，双臂和背部向后弯。

（12）一边呼气，一边将手臂收回，两手在胸前合十，恢复到开始的姿势（如图 6－1 所示）。

### （二）半舰式

（1）坐在地板上，两腿向前伸直。

（2）十指相交，置于头后（如图 6－12 所示）。

半舰式

图 6－12

（3）呼气，微微向后倾，两脚离开地面，伸直脚趾。

（4）双膝不要弯曲，全身重量应用臀部来平衡，背部任何部分绝不触及地面。

（5）脚趾尖与头的顶端在一水平线上，两腿应与地面成 30°～40°。

（6）保持 20～60 秒。

（7）正常呼吸，既不要憋息，也不要深呼吸。

**实训提示：**

半舰式姿势可以强壮双腿、腹部和背部，增强这三处的力量，也能强壮神经系统、脾脏、肝脏和胆囊。在做这个姿势时，背部肌肉会感受到很大的张力，因此初学者若不能够忍受这种张力，则要试着以感到舒服为限，尽量长久地保持这个姿势。

### （三）半蝗虫式

半蝗虫式练习可以提高臀位线，收紧臀肌，加强腰部、背部肌肉力量。

（1）俯卧、下巴着地，双手握拳置于体侧。

（2）将掌心朝上，放于大腿根处。

（3）吸气，收紧臀肌，用力向上抬高左腿，左臂抬起，头部抬高。保持 10～20 秒，自然地呼吸（如图 6－13 所示）。

半蝗虫式

图 6－13

（4）呼气，腿落下还原，下巴着地，深呼吸 1 次，反复做 3 次。

### （四）铲斗式

（1）按基本站姿站立，两脚分开。

（2）两臂上举，手掌与地面平行（如图 6－14 所示）。

图 6-14

(3) 深吸一口气，然后呼气，以腰为轴，上身快速垂下，两手臂自然摆动（如图 6-15 所示）。

(4) 吸气，以腰为轴，从下背到中背、上背、颈、头，逐渐抬高上身（如图 6-16 所示），重复 (3)(4) 步骤 3 次。

图 6-15

图 6-16

**实训提示：**

(1) 高血压和低血压患者、眩晕患者、经期妇女勿做此练习。头部受过伤害的人在征得医生同意下方可做此姿势。

(2) 铲斗式可以放松内脏器官，促进新鲜血液流入脑部，增加血液中氧的含量，使脊柱神经受到滋养，安神、补气，消除紧张情绪，令头脑清醒。

### （五）船式

（1）仰卧在垫子上，身体放松成一条直线，双腿伸直，脚跟并拢，双臂平放于身体两侧，掌心向下。

（2）吸气，抬起上身，双臂朝前平举，指尖指向脚的方向，同时将双腿抬离地面（如图 6－17 所示）。眼睛尽量往前看或看着脚尖，体会腹部绷紧的感觉。头部和脚跟离地面 30cm 以上。屏气，保持此姿势，停留 6～12 秒，呼气，全身放松仰卧，做 3 次深呼吸。

（3）吸气，然后把头、腰、背、双臂抬离地面，只保留臀部支撑全身重量。头部尽量与地面垂直，眼睛保持平视。头部和脚跟离地面 30cm 以上，双臂向前伸直，双手握拳并拢，掌心向下，屏息 6～12 秒（如图 6－18 所示）。

图 6－17

图 6－18

（4）呼气，恢复平躺姿势，全身放松休息并做 3～6 次深呼吸。重复练习船式 3～6 次。

**实训提示：**

船式姿势对松弛紧张的神经、警醒头脑特别有益；它有助于强健腰背部，促进肠道蠕动，改善消化功能，强健肌肉，放松关节，分解腰部、腹部的脂肪。

## 第三节 练习瑜伽的准备及注意事项

### 一、练习瑜伽的准备

#### （一）时间

一般来说，人们都是利用早晨、中午、黄昏或睡前的时间来练习瑜伽。其实，只要保证空腹的状态，一天中的任何时间都可以练习瑜伽。值得注意的是，饭后 2 个小时再练习瑜伽比较适宜。

**（二）地点**

练习瑜伽最好能在干净、舒适的房间里，有足够的伸展身体的空间，避免靠近任何家具。房间内应空气清新、流通，并且能够自由地吸入氧气。最好摆上绿色植物或鲜花，也可播放轻柔的音乐来帮助松弛神经。当然，练习者也可以选择在露天的自然地面练习瑜伽，比如花园等环境较好的地方。千万不要在大风、寒冷或有污染的空气中练习瑜伽，也不要在太阳直射下练习（黎明除外，因为那时光线柔和，有益于健康）。

**（三）衣着**

练习瑜伽应穿着宽松柔软的衣服，以棉麻质地为佳，必须保证透气和练习时身体不受拘束。必须脱鞋，有时也会脱袜，但天冷时脚部必须注意保暖，手表、眼镜、腰带以及其他饰物都应取下。

**（四）道具**

练习瑜伽当然以使用专业的瑜伽垫为好，当地面太硬或不平坦的时候，瑜伽垫能发挥缓冲作用，帮助练习者保持平衡。如果练习者没有专业的瑜伽垫，铺上地毯或对折的毛毯也可以。不要在过硬的地板或太软的床上进行练习，同时注意不能让脚下打滑。初学者也可使用一些道具来辅助练习某些姿势，可用的道具有瑜伽砖、瑜伽绳等。对于很多瑜伽姿势，练习者都可使用相应的道具来进行循序渐进的练习，准确掌握每一个姿势传达给身体的感觉。

**（五）沐浴**

沐浴前 20 分钟内不要练习瑜伽，因为练习瑜伽会使身体感觉变得极其敏锐，此时若给予忽冷忽热的刺激，反而会伤害身体，消耗身体内储存的能量。沐浴后 20 分钟内也不宜练习瑜伽，因为沐浴后血液循环加快，筋肉变软，如果马上练习瑜伽，不仅容易使身体受伤，而且会导致血压升高，加重心脏的负担，心脏病、高血压、甲亢等疾病患者尤其要注意这一点。另外，长时间的太阳浴后不要练习瑜伽。练习瑜伽之前一小时左右洗个冷水澡，能让练习有更好的效果。

**（六）饮食**

瑜伽的动作都是弯、伸、扭、推、挤，对消化不利。如前所述，饭后 2 小时之内不宜练习瑜伽。但是，练习者可以在练习前 1 小时左右进食少量的流质食物或饮料，比如牛奶、酸奶、蜂蜜、果汁等。练习时，练习者可以喝一点儿清水以帮助排出体内毒素。瑜伽练习结束 1 小时后进食最好。练习者最好吃一些天然的食品，避免食用油腻、辛辣或导致胃酸过多的食品。进食要适可而止，吃得太饱会让人感到烦闷和懒惰。另外，练习瑜伽后饭量减少、排气量和排便量增加属于正常现象。

## 二、练习瑜伽的注意事项

### （一）练习瑜伽宜保持空腹状态

饭后 2 个小时、饮用流体后 1 个小时左右练习瑜伽为佳，练习中另有规定的不依此例。练习时尽量不要饮水，如果实在口渴，可以小口啜饮，并且以 60 毫升以内为宜。

### （二）练习瑜伽宜依据个人情况适度选择动作难易度

做各种瑜伽练习时一定要在身体极限的边缘温和地伸展身体，千万不要用力推拉、牵扯，超出身体极限。什么叫在极限的边缘呢？比如练习瑜伽的向前伸展，伸展到快无法忍受了，但练习者可以感受到伸展的舒适与快乐，这就是极限的边缘。练习者要温和地伸展、有控制地练习，千万不要过度地推拉、牵扯。瑜伽被认为是运动伤害较少的运动，原因就在于此。如果在练习的过程中出现体力不支或身体颤抖，请即刻还原，不要勉强坚持。

### （三）练习瑜伽宜量力而行

练习瑜伽时可能会出现肌肉发抖的状况。肌肉发抖是因为肌肉疲劳。肌肉极度疲劳时继续大强度地练习瑜伽，身体就会受伤。所以，体力不支时，不要强迫自己去练习，也不要因为做不到某个瑜伽姿势而沮丧。练习者只要经常练习，假以时日，身体的耐受力会越来越强，姿势就会做得越来越到位，自身体质也会越来越好。

### （四）练习瑜伽的饮食习惯

#### 1. 减少刺激性食品

刺激性食品是指洋葱、大蒜、辣椒等任何具有强烈味道如甜、酸、苦、辣、咸的原料或作料。如果食用过多的刺激性食品，那么它就会刺激内分泌和神经系统，使大脑激动起来，从而与瑜伽的平静背道而驰。

#### 2. 拒绝压抑性食品

瑜伽将压抑性食品称为“惰性食物”，此类食物扰乱身心安定，使人易怒、易妒，变得懒惰、萎靡。这种食品具有一定的抑制作用，让我们丧失能量，毒害我们的身体系统。压抑性食品包括不新鲜的、没味道的、腐烂或过熟的食品。

### 3. 多吃健康食品

瑜伽将健康食品称为“悦性食物”，它们能给身心带来纯净和愉悦，促进生长。新鲜的水果和蔬菜、坚果、豆制品、粗粮、奶制品和蜂蜜等，都是悦性食物。

（1）蔬果汁。

蔬果汁取材很方便，制作方法也很简单。制作方法如下：把洗干净的新鲜蔬菜或者果汁放入有水的锅中，长时间地炖熬，待蔬菜或者水果的营养溶解到水里后，把炖烂的蔬菜或水果捞出，在汤中放入盐和糖，等到温度合适时即可饮用。

（2）沙拉。

所有可生吃的蔬菜都可以做成沙拉，如黄瓜、西红柿、胡萝卜、卷心菜等。

（3）新鲜的水果。

对于大部分人来说，水果都是有营养的食物。为了使练习瑜伽取得良好的效果，吃新鲜水果是非常重要的。这并不是说必须吃昂贵的水果，一般常见的水果都有丰富的营养，只要是新鲜的水果即可。

（4）生坚果。

练习者可以吃一些能从硬壳里剥出来的生坚果，如榛子、开心果、杏仁、山核桃和核桃仁等，把这些坚果混合起来，每天只需要吃一小把。因为生坚果具有使体内生热的功能，所以更宜于冬天食用，夏天可以少吃。

**知识链接**

#### 练习瑜伽常见的误区

误区一：只有身体柔软的人才适合练习瑜伽。

练习瑜伽身体才变得柔软，而非身体柔软的人才适合练习瑜伽。此外，瑜伽讲究适度即可，而并不追求动作完成的幅度大小，只要练习者尽力而为，便可收到理想的效果。

误区二：瑜伽就是一种减肥运动。

练习瑜伽的最终目的是使身（身体）、心（思维、情绪等）、灵（感知事物的本能）三者达到平衡，因此练习者不仅获得了身体的健康，还获得了心理的健康和本能的发展。就健身而言，瑜伽的作用还包括调节内分泌、治疗和辅助治疗疾病、减缓疲劳和压力等。因此，仅仅把瑜伽看作是减肥运动的观点是不正确的，减肥只是练习瑜伽的目的之一。

误区三：瑜伽是一种女性化的运动练习。

瑜伽虽然在女性群体中受到欢迎，但练习瑜伽并非女性的专利。瑜伽最初的练习者几乎全是男性。此外，当今知名的瑜伽大师也有男性。在某些国家，练习瑜伽的男性人数甚至多于女性。

误区四：瑜伽需要团体练习才有氛围。

团体练习固然有好的氛围，但瑜伽本质上是一种自我修习的方式，因此，瑜伽的自我练习更容易全身心投入，从而收到事半功倍的效果。

误区五：瑜伽就像柔术或舞蹈。

瑜伽与柔术、舞蹈的练习目的完全不同，柔术和舞蹈是以表演为主要目的的，而瑜伽的练习是通过体位、呼吸、冥想、放松等多种技法的配合，达到完全的健康和自我修习的目的。因此，瑜伽与柔术、舞蹈虽然形似，却神差千里。

误区六：坚持练习是一件痛苦的事。

瑜伽并不是一种累人的运动，相反，它可以解除疲劳、焕发精神，每天练习瑜伽就像做了一个全身由内脏、腺体到肌肉、骨骼，甚至是大脑的休闲按摩，十分舒适。此外，任何一种健身运动都需要长期的坚持，才会收到良好的效果、取得令人满意的成绩。

## 本章小结

本章介绍了瑜伽的起源，并通过介绍瑜伽的主要动作和姿势等，让学生掌握瑜伽的基本训练要领。本章还介绍了学习瑜伽的注意事项及饮食配合等。

## 思考题

1. 简要介绍瑜伽的起源。
2. 练习瑜伽常见的姿势有哪些？
3. 学习瑜伽有哪几种呼吸方法？

## 实训项目

1. 请选择两种瑜伽动作，并拍摄成小视频分享给大家。
2. 以小组为单位，创编一套瑜伽操。

# 第七章 面试形体礼仪

## 学前导读

随着我国现代航空旅游业的发展，民航业对空乘人员的需求量越来越大，对空乘人员素质的要求也越来越高。对于乘客来说，在飞行途中空乘人员真诚的微笑、礼貌的语言、优雅的身体形态都能够为其带来更优质的服务享受。空乘人员在面试时最为重要的就是礼貌得体的举止、端庄优雅的气质。本章将介绍空乘人员面试时应具备的基本礼仪。

## 知识目标

1. 了解空乘礼仪在求职过程中的重要作用
2. 熟悉并掌握求职过程中的礼仪规范
3. 掌握空中乘务专业学生应具备的基本仪态

## 能力目标

1. 掌握适用于各大航空公司面试的礼仪和技巧
2. 能够在求职活动中流畅地作中英文自我介绍

## 素养目标

1. 坚定职业信心。
2. 培养认真、诚恳的职业态度。

# 第一节 面试前的准备

中国正处于从民航大国向民航强国转变的过程中。随着中国经济的快速发展，中国航空运输业年均增长速度也十分可观，中国成为亚太地区乃至全球范围内最重要的航空市场。

在当今国际化大时代背景下，我国的航空业随着改革开放的进一步深入与市场的拓展，对人才的需求量不断增加，对空中乘务服务人员的需求越来越大，对相关从业人员的选拔及相关要求也越来越严格。

## 一、知彼知己，有的放矢

“知彼”是指求职者应提前了解和掌握应聘单位的相关信息，包括单位的性质、经济效益、用工制度和要求、本次招聘的职位及要求，还有你所希望申请职位的工作职责和必备的专业技能，甚至有些企业有影响的人物如创始人等的信息。“知己”就是要明确自己的专业特长、个性特点、兴趣爱好以及职业向往，这是决定职业生涯成功与否的基石；同时，“知己”也要求求职者清楚自己的优势和弱势，使求职更具有针对性，以增加求职的成功率。求职者既了解了用人单位基本情况和所提供的职位的要求，也明确了自己的所长所求，这样才能够准确定位，有的放矢，把握机会，积极展示自己的才能，充分发挥自己的长处，从而获得成功。

## 二、面试资料的准备

一份好的应聘材料无疑是求职时一块重要的敲门砖，一份完整的应聘材料包括简历、求职信等。求职者在进行面试资料的准备时，一定要认真分析和了解各大航空公司的基本要求，要有针对性。

### （一）简历

简历是一个人在一定时期内重要经历的呈现，它是了解一个人大致情况的主要依据。用人单位通过简历要了解求职者学过什么、做过什么，是否具有某方面的能力或发展潜力，是否与招聘职位的要求吻合。因此，求职者在拟写简历的时候要注意以下几个问题：

（1）简历要“简”。简洁明了的简历既能够突出个人的重要信息，减少不必要的干扰信息，也能够照顾到招聘者的阅读感受。招聘者在每一次招聘活动中，会收到大量的求职材料，长篇大论的材料是一定不会受欢迎的。一般的简历有一至两页就足够了。

（2）重点突出。用人单位想要了解的重点是求职者可以为他们做什么，所以简历的重点在于突出求职者个人的学习（或培训）经历、工作经验及曾取得的成绩。但如果把自己写成一个什么都能干的人，也许最后会什么都不让你干，因此，若求职者有多个求职目标，最好写多份不同的简历，在每一份简历上突出不同的重点，这将使你显得与众不同，从而获得更多招聘者的青睐。

（3）真实准确。在简历的编写中一定要遵循诚实的基本原则，如实地表达出你的学习能力、工作能力和各项技能水平，以及工作经历和所取得的成绩，不可夸大其词，更不能有虚构的成分。要知道，讲真话不一定总能使你得到工作，但是谎言往往总能被人们找到破绽，哪怕是一个小小的细节，它既会让你人格受损，也会让你错失良机。

（4）用词得当。语言表达能力是一个人最基本的素质之一，不管什么行业对此都是非常重视的。首先，用词要准确，表情达意清楚明了，不模糊含混。其次，用词要讲究表现力，比如专业术语的使用就比一般性叫法要更能表现出专业素养，具体数据的使用比用“大量”“很多”等词更让人信服。最后还要注意的是，在简历（或求职信）中，一定要避免出现错别字。许多招聘者都谈到过，当他们发现错别字时，就会停止阅读。

另外，如果你写得一手漂亮的字，那么你的简历不妨采用手写的方式，既为自己多提供一个展示才能的舞台，也能使自己的简历在众多的打印材料中显得与众不同，以吸引招聘者的眼球。鉴于多数航空公司均有标准化的面试表格，求职者可以提前做好功课，确保所填写的内容与企业需要契合，增加面试的成功率。

### （二）求职信

如果说简历是对一个人基本情况的简要介绍，那么求职信就是一个人能力与水平的综合展示。求职信要突出个人的优势、能力，阐述个人的特长与意愿，给招聘者留下强烈、深刻的印象。求职信要简洁精练，语言优美，言辞恳切。求职信的大致结构如下：

（1）开头部分：称呼得体礼貌，比如“尊敬的××单位领导”“尊敬的××公司经理”，再加上问候语“您好”，以及“打扰了”等谦语，充分表现出应有的礼貌和修养。

（2）自我情况介绍部分：本部分内容与简历不同，重点在自己的优势上，要扬长避短，重点突出，条理清晰，语言简洁，点到为止，不作过多评述，否则有“王婆卖瓜”之嫌。阐述的优势可包括学习能力、工作能力、个性优势、获奖情况等。

（3）自我评价部分：这部分是展示自己独到见解的部分，求职者要精心选择一个适合的角度，或自我评价，或抒发志趣，或对工作中的某个问题发表自己的见解，但也不宜太长，目的是让招聘者了解你的人生观、价值观。前面部分展示的是能力水平，而这部分展示的就是思想认识水平。

（4）求职意向：这部分表达要直接明了，不能含糊不清、模棱两可，只需回答“你想做什么”或“你能为公司做什么”，最直接的方式就是写出要申请的职位。

（5）结语：写清联系方式、礼貌用语、落款（求职者姓名）等。

**★范文赏析**

尊敬的领导：

您好！

当您打开我的求职信的时候，您已经为我打开了通往成功的大门，感谢您能在我即将踏入人生又一段崭新的路途时，给我一次宝贵的自荐机会。

我叫××，来自美丽的××，是空中乘务专业××××届毕业生。我热爱空中乘务专业，并为其投入巨大的热情和精力。在专业学习当中，我不仅了解和掌握了空中乘务专业的相关技能和知识，也通过顶岗实习积累了丰富的工作经验。

在校期间，本人始终积极向上，参加了社团活动、志愿者服务等社会实践项目，并通过阅读书籍充实自己的头脑。通过三年的学习和实践，我已从心理和能力等方面做好了走上空乘岗位的准备，我诚挚地希望自己能成为××航空公司中的一员，我将以靓丽的形象、热情的服务，倾我所能，不断学习我所不能，为××航空公司的事业发展贡献一份力量。您给我一次机会，我会尽职尽责，还给您一份惊喜，在此我期待您的垂青，静候佳音，相信您的信任和我的实力将为我们带来共同的成功。

最后，再次感谢您，期待您的早日答复。

此致

敬礼！

求职者：

20××年××月××日

**★范文赏析**

尊敬的领导：

您好！

我是来自××大学的××，是一名应届毕业生，所学专业为空中乘务。得知贵公司正在招聘一批空中乘务员的消息，我特意写了这封求职信，希望可以到贵公司面试。

高中的时候，凭借着自己的身高、身材优势，再加上自己的高考成绩，我顺利考入了××大学的空中乘务专业，在大学里，我主要学习的课程包括“航空服务礼仪”“民航学概论”“民航专业英语”“航空运输地理”“航空安全与应急处理”“航空服务心理学”等。通过这些课程的学习，我具备了成为一名空中乘务员的知识基础，为我应聘贵公司的这一职位增加了几分信心。

另外，我还有空中乘务员的工作经验。在半年的时间里，我亲身体会到了作为一名空中乘务员应该有的责任与态度。时刻保持微笑、全心全意做好服务、服务好每一位乘客，是我们的责任。这半年的经历使我处理事情变得更加成熟与稳重。所以，我相信自己可以成为一名出色的空中乘务员，希望您看完这封求职信后能够给我一次面试的机会。

最后，感谢您读完我的这封求职信，我真心希望能够获得面试的机会。

此致

敬礼！

求职者：

20××年××月××日

**（三）相关证明材料**

这部分是对简历中所提到的相关内容的进一步证明，包括成绩单、获奖证书、英语等级证书、计算机等级证书、各类专业技能等级证书以及发表过的作品、论文等的复印件，附在简历和求职信的后面。复印件应清晰、整洁。在放置顺序上，最好根据求职意向的不同，将与职位要求相关的材料放在前面。例如，申请空中乘务员的职位，可按英语等级证书、计算机等级证书、社会实践活动证明、参赛获奖证书等的顺序放置。

**（四）推荐信**

一些涉外企业在招聘时要求求职者提供推荐信，推荐人主要是熟悉求职者的学校老师，也可由校方相关部门出具，并加盖公章。社会人士求职，推荐信可由原来的老板或单位出具。

简历、求职信、相关证明材料和推荐信复印件可按顺序装订在一起，并设计一个封面作简单的包装。封面的设计一定要简洁大方，清新醒目，千万不要弄得十分花哨，或太过另类。

### （五）面试中的自我介绍

自我介绍是面试中十分重要的环节，需提前准备。面试中自我介绍的要领是用简洁精练的语句尽量全面地介绍自身的情况，重点突出自己的优点和长处。

**★范文赏析**

各位考官好！

今天很高兴在这个平台为大家展示我自己。我叫××，身高×××厘米，平时我喜欢看书、聊天，我的性格开朗活泼，关心身边的人和事，与朋友都能和睦相处，并且对生活充满了信心。我具有坚韧不拔的意志和顽强拼搏的精神。

从小到大我一直向往蓝天，飞翔在蓝天是我不变的理想，飞翔在蓝天是我人生的幸福。我的自我认知让我觉得成为空中乘务员是一个正确的选择。我也认识到人和工作的关系是建立在自我认识的基础上的，我相信我能做好这份工作。希望各位能给我一个机会，我想我一定能够在工作中得到锻炼并实现自身的价值。

**★范文赏析**

Good morning/ afternoon，I'm very happy to stand here to introduce myself.

My name is ×××，×× centimeter tall，×× kilogram，I live in Hebei Province. I grow up in a sweet family，composed of my grandpa，grandma，father，mother and I. I like travelling，so I love to be an air hostess.

I have confidence to be an excellent one. That's all. Thank you!

**知识链接**

### ××航空公司面试流程

一、初试

(1) 10 人一组，排队递交报名表和发号码牌；依次说：“×航欢迎你”；向左、向右各转一圈，展示整体外形以及走姿和站姿。

（2）进行简单的自我介绍（几组几号、籍贯、年龄、毕业学校、所学专业、英语水平等级等）。

（3）伸出手臂以检查是否有疤痕。

温馨提示：

（1）自我介绍时切记不要说姓名。

（2）语言尽量精练。

（3）着装建议穿职业装。

（4）头发干净利索，使用发胶定型；避免甩头发或捋头发。

（5）妆面清爽自然，根据自己的肤色选择橙色系或粉色系妆容。

（6）请始终保持微笑。

二、复试

（1）1 分钟英文自我介绍，内容包括毕业学校、所学专业、英语等级、兴趣爱好、工作经历等。

（2）随机抽取英语短文朗读或是英文翻译。

温馨提示：

（1）认真阅读招聘简章，找到自己适合这份职业的闪光点。

（2）英文自我介绍避免千篇一律，没有个人特点和思想。

（3）请始终保持微笑。

三、综合面谈

10 个人一组，先自我介绍，然后回答面试官的相关问题。

面谈环节部分高频问题汇总：

（1）为什么选择××航空公司？

（2）说说你对××航空公司的了解。

（3）你之前面试过其他航空公司吗？

（4）你为什么想做空乘？

（5）谈谈你对空乘这个行业的了解。

（6）你觉得一名优秀的空乘人员应该具备哪些品质？

（7）你的家乡是哪里？介绍一下你的家乡。

（8）在飞机上，如果外国乘客有宗教信仰需要特殊的食物，可是你没办法提供，该怎么办？

(9) 执行夜间航班时，你看到有乘客（假如是我）在用电脑工作，而且敲击键盘的声音非常响，你会怎么处理？

(10) 如果你看到同事在玩手机（此时飞机还未上客，在地面做准备工作），你会怎么做？

四、试装

女生需要换上××航空公司的制服，男生穿西裤、白衬衫加领带。穿好后先拍照，全程不要提及自己的姓名及号码，对着镜头作自我介绍，控制在一分钟以内，然后转身，从A点走到B点，再转身走过来，鞠躬说“谢谢”。试装结束之后仍可能会有面试提问环节，招聘者会根据简历和个人情况问一些问题，不同考区或考点的形式略有不同。

温馨提示：

(1) 试装的时候，女生需要自己带一件长袖衬衫，面试现场会准备制服的马甲和条纹裙。

(2) 回答问题时注意和招聘者的眼神交流，自然亲和的微笑很重要。

(3) 因为需要拍摄视频，所以妆容和盘发都要精致，不可以有碎发，口红不宜颜色过深，脖子露出来的部分应注意与脸上的肤色保持一致。

## 第二节 面试基本礼仪

求职者给面试官的第一印象好坏，常常关系到求职的成败。人的五官相貌虽然难以改变，但通过穿着打扮、风度气质、举止谈吐是可以改变留给他人的印象的。得体的打扮有助于树立良好的形象，增强自信心，同时还能体现出良好的素养。

### 一、面试形象基本要求

#### （一）仪容

在人际交往中，每个人的仪容都会引起交往对象的特别关注，并将影响到对方对自己的整体评价。心理学上讲的“首因效应”，即人的知觉的第一印象往往形成顽固的心理定式，通常在30秒内形成的第一印象对后来一切信息将产生指导效应。在个人的仪表问题之中，仪容是重点之中的重点。下面主要介绍仪容美的内涵及基本要求。

**1. 仪容美的内涵**

（1）仪容自然美。

仪容自然美是指仪容的自然条件较好，五官端正，天生丽质，让人观之赏心悦目。美的事物总容易给人留下较好的印象。

（2）仪容修饰美。

仪容修饰美是仪容礼仪关注的重点，修饰仪容的基本原则为美观、整洁、卫生、得体。仪容修饰美是指依照规则、场合与个人条件，对仪容施以必要的修饰，扬长避短，塑造出美好的个人形象，这在人际交往中是非常必要的，这样做既增加了自己在人际交往中的自信，同时也给人以美的享受。在人际交往的过程中，对自己做必要的修饰，是一项基本礼仪。

（3）仪容内在美。

仪容内在美是仪容美的最高境界，它是指通过个人努力，不断提高个人的文化、艺术素养和思想、道德水准，培养出自己高雅的气质与美好的心灵。

真正意义上的仪容美，应当是上述三个方面的高度统一，忽略其中任何一个方面，都会使仪容黯然失色。

**2. 仪容美的基本要求**

（1）讲究个人卫生，树立整齐利落的形象。

个人卫生可以反映一个人的基本素质，体现社会的文明程度。个人卫生是保持良好的个人仪容所必须具备的一点。个人卫生主要包括：面容清洁、口腔清洁、头发清洁及胡须清洁等。

在任何场合，我们都应注意保持个人卫生，做到勤洗头、勤洗澡、勤修指甲，男士要勤修面，切忌身体有异味、皮肤表层或指甲有污垢等。在口腔清洁方面，养成勤刷牙、勤漱口的好习惯，在面试前，不应食用葱、蒜、韭菜等有异味的食物，以免引起他人的厌恶；在服饰方面，注意勤洗勤换，塑造整齐利落的形象。

（2）注重培养个人修养，塑造仪容内在美。

如果只有外表的华美，而没有内在的涵养作为基础，就会使人感到矫揉造作，“金玉其外，败絮其中”。每个人的性格不同、内在修养不同、行为习惯不同，以个人的文化素养、学识、思维能力为核心，形成的气质也不同。良好的气质需要很长的时间来培养和锻炼，尤其作为一名合格的空乘人员，更需要在长期的飞行服务中加强自己的文化素质、优化性格的培养和提高自身的修养，将外在的美和内在的美相结合，形成高雅的气质。

### （二）仪表

仪表即外表，空乘人员的仪表包括人的容貌、姿态、服饰和个人卫生等方面，它是空乘人员精神面貌的外化。服饰是仪表的重要组成部分。

求职时的着装具有明显的暗示功能，从服饰的颜色、式样、档次和搭配上均可以显示一个人的爱好、文化修养、生活习惯，并显示一个人的气质和审美情趣。

人们常说“三分长相，七分打扮”，可见仪容修饰在仪容美中的重要作用。

（1）女性空乘人员的妆容应以淡雅、清新、自然为宜。工作妆决不可浓妆艳抹，口红也不可涂得过于鲜红。在飞行中应注意随时补妆，时刻向乘客展现自己饱满的精神状态。

（2）空乘人员在面部修饰时要注意卫生问题，保持面部的健康，避免因卫生原因导致面部经常长痘痘。

（3）注意面部局部的修饰，保持眉毛、眼角、耳部、鼻部的清洁，不要当众擤鼻子、挖耳朵。

（4）注意手部的美化，手和手指甲应随时保持清洁，要养成经常剪指甲的好习惯，不要将指甲留得过长，给人一种不卫生的感觉。

**★案例**

#### 甲航空公司标准妆容

蓝紫色系、紫色系和金棕色系是甲航空公司乘务员妆容采用的色系。紫色的神秘气氛中融合冷静的蓝色，可以塑造具有东方女性独特魅力的妆容。年纪稍长或者脸色稍深的空乘人员可以使用紫色系和金棕色系的妆容。每一个妆容模板都从粉底、眼影、唇彩、腮红等各个细节处设定了标准。

温馨提醒：

（1）参加面试前夜不要喝酒，避免影响面试当天的状态和脸色。

（2）修剪好指甲并保持干净，使用指甲油时不要涂太夸张的颜色，建议用透明指甲油即可。部分航空公司允许空乘人员涂大红色指甲油。

（3）面试前一天洗头、洗澡，保证身体、头发干净、无异味。

（4）穿丝袜的女生带上备用的丝袜，避免丝袜勾破造成尴尬。

（5）带上补妆的化妆品，保持妆容的干净，及时补妆。

### （三）表情

表情是人体语言中最为丰富的部分之一，是内心情绪的反映。人们通过喜、怒、哀、乐等表情来表达内心的感情，优雅的表情可以给人留下深刻的第一印象。

#### 1. 表情的定义

人的表情主要体现于人的面部，在一般情况下，人们所说的表情指的就是面部表情。表情可以传情达意，表现人的心理状态。与仪态一样，表情也是无声的语言。现代传播学认为，表情属于人际交流之中的“非语言信息传播系统”，并且是其核心的组成部分。对于仪态而言，表情更为直观，更为形象，更易于为人们所觉察和理解。表情真实可信地反映着人的思想、情感以及其他方面的心理活动与变化。

#### 2. 表情的重要作用

（1）表现谦恭。

与人交往时，你待人谦恭与否，交往对象可以从表情神态上很直观地看出来。因此，求职者在面试时务必要使自己的表情于人恭敬、于己谦和。

（2）表现友好。

如在生活和工作中，对待任何交往对象，皆应友好相待。这一态度自然而然就在表情神态上表现出来。

（3）表现真诚。

求职者在面试时既要使个人的表情神态谦恭、友好，也要使之出自真心、发乎诚意。尤其是面试时，这样会给人表里如一、名副其实的感觉，从而获得招聘者的信任。

（4）表现适时。

从大的方面看，人的表情神态可以是庄重、随和的，也可以是活泼、俏皮、兴奋、高兴的，还可以表达不满、气愤和悲伤。不论采用何种表情，求职者都要注意使之与现场的氛围和实际需要相符合。这就是所谓表情神态要适时。面试时，表情以庄重严谨为宜。

**知识链接**

**人际交往中的目光**

常言道“眼睛是心灵的窗户”，眼睛能如实反映出一个人的喜怒哀乐。在传递信息的过程中，它能够传达出最细微、最精妙的差异，表达出确切的信息。

1. 注视别人的时间长短不同，表示的态度不同

如果注视对方的时间占全部相处时间的1/3左右，表示友好；如果注视对方的时间占全部相处时间的2/3左右，表示重视；如果注视对方的时间不到相处时间的1/3，表示轻视；如果注视对方的时间超过了全部相处时间的2/3，往往表示敌意。

2. 注视的角度不同，表示的态度不同

平视对方指注视者视线与被注视者处于相似的高度，平视被注视者，表示双方地位平等及注视者的不卑不亢；仰视对方用在注视者所处的位置低于被注视者的情形，注视者需要抬头向上仰望，表示对被注视者的重视和信任；俯视对方指的是注视者所处的位置高于被注视者，它往往表示自高自大或对被注视者不屑一顾。

3. 注视的部位不同，不仅表示自己的态度不同，也表示双方的关系有所不同

一般情况下，不宜注视他人头顶、大腿、脚部、手部，或是目中无人。对异性而言，通常不应该注视其肩部以下，尤其是不应该注视其胸部、裆部、腿部。关系平常的人一般只注视对方的面部，关系密切的异性之间可以注视对方的眼部。

4. 注视的方式不同，表示的含义也不同

眼睛在人际交往中具有不可替代、不容忽视的作用。在人际交往中，一个人的目光应是坦然、亲切、和蔼、有神的，目光应注视对方，不应躲躲闪闪。人们的视线互相接触的时间，通常占交往时间的30%～60%，一般连续注视对方的时间在1～2秒。

**3. 微笑**

国际标准微笑，就是让别人与你有一定距离的时候就可以看到，面容祥和，嘴角微微上翘，露出上齿的八或六颗，同时还要注意保持牙齿的清洁以表示对他人的尊重。

（1）“三度”微笑及其运用。

“一度”微笑：嘴角上扬15°，只牵动嘴角肌，适用于一般礼节性招呼。

“二度”微笑：嘴角上扬30°，嘴角肌、颧骨肌同时运动，适用于交谈进行中。

“三度”微笑：嘴角上扬45°，嘴角肌、颧骨肌与其他笑肌同时运动，是一种会心的微笑，适用于迎送宾客时，一般以露出“六或八颗牙”为宜。

（2）微笑的四个结合。

1）笑口和笑眼的结合。

在微笑中，不仅口在笑，眼睛也要笑，眼睛的表情是十分重要的。眼睛有传神送情的特殊功能，是心灵的窗户，因此，口到、眼到、神色到的微笑才能打动人的心弦。

2）笑口和神态、感情、气质的结合。

笑时要笑出神态、神情、神色，做到情绪饱满，神采奕奕；笑出感情，笑得亲切、甜美，反映出美好的心灵；笑得有气质，要体现出谦虚、稳重、大方和得体的良好气质。

3）笑和语言的结合。

语言和微笑都是传播信息的重要符号，只有做到二者的有机结合，声情并茂，相得益彰，微笑才能发挥出它的特殊功能。

4）微笑和仪表、举止的结合。

端庄的仪表、适度的举止，是每个人都追求的风度。以姿助笑，以笑促姿，就能形成完整、统一、和谐的美。有人说，一旦学会微笑，你将成为一笔宝贵的精神财富的拥有者；微笑是全世界通用的货币。

**★案例**

### 真诚的歉意

飞机起飞前，一位乘客请求空乘人员给他倒一杯水服药，空乘人员很有礼貌地说："先生，为了您的安全，等飞机进入平稳飞行后，我会立刻把水给送过来。"可是，等飞机起飞后，这位空乘人员却把这件事给忘了，待乘客的服务铃急促地响起来时才想起送水的事情。空乘人员小心翼翼地微笑着对那位乘客说："对不起，先生，由于我的疏忽延误了您吃药的时间，我感到非常抱歉。"那位乘客严厉地指责了空乘人员，说什么也不肯原谅，并说要投诉她。接下来的飞行中，空乘人员一次又一次地询问那位乘客是否需要帮助，但那位乘客不理不睬。快到目的地时，那位乘客要求空乘人员把留言本给他送来，显然是要投诉她。此时空乘人员心中十分委屈，但她仍然很有礼貌，微笑着说："先生，请允许我再次向您表示真诚的歉意，无论您提什么意见，我都将欣然接受。"等飞机降落，乘客离开后，空乘人员不安地打开留言本，她惊奇地发现那位乘客在本子上写的并不是投诉信，而是一封热情洋溢的表扬信。信中有这样一段话："在整个过程中，你表现出的真诚歉意，特别是你的微笑深深地打动了我，使我最终决定将投诉信改成表扬信。你的服务水平很高，下次如有机会，我还会乘坐你的这趟航班。"

★案例

### 微笑送饮料

乙航空公司空乘人员在服务中曾发生过这样一件事情：在上海飞往广州的路上，两位A国乘客刚上飞机，就一面皱眉头、掩鼻子，一面嚷着客舱里空气不好。一位空乘人员微笑着走过来，一边请他们谅解，一边递上一小瓶香水。没想到的是香水却被他们扔到客舱座位的角落里去了。此时空乘人员心里很不是滋味，但她还是微笑着给乘客送来可乐。可是乘客还没喝，就说可乐有问题，甚至过分地将可乐泼到空乘人员的身上。

这时空乘人员该怎么办？作为空乘人员，她必须理智地化解这一难题。只见空乘人员再次把可乐递了过去，不卑不亢地微笑着说："乘客，这些可乐是A国的原装产品，也许贵国这家公司的可乐都是有问题的。我很乐意效劳，将这瓶可乐连同你们的名字，一起寄到这家公司，我想他们肯定会登门道歉并将此事在贵国的报纸上大加宣传的。"

两位乘客目瞪口呆，这位智慧的空乘人员又微笑着将其他饮料送给他们。事后，这两位乘客在意见簿中检讨说自己太苛刻、太过分，并称赞空乘人员的服务和微笑是一流的。

案例中的空乘人员"制服"乘客的办法不是"以眼还眼，以牙还牙"，而是用自己智慧的微笑化解，解决了棘手的难题。

## 二、面试仪态礼仪

仪态是一种"无声的语言"。在日常交往中，人们能通过语言交流信息，但在说话的同时，你的面部表情、身体的姿态、手势和动作也在传递着信息。对方在接受信息时，不仅"听其言"，而且也在"观其行"。仪态语言是一种极其丰富、极其复杂的语言。据研究者估计，世界上至少有129万种可以用来表达思想意义的态势动作，这个数字远远超过当今世界上一部词典所收集的词汇数量。信息的传递与反馈，从表面上看，主要是嘴、耳、眼的运用。事实上，表情、姿态等所起的作用，远远超过自然语言交流的本身。仪态是一种很广泛、很实用的语言，往往比有声语言更富有魅力，可以收到"此时无声胜有声"的效果。仪态是对人行为举止的统称，包括站姿、坐姿、走姿等。

### （一）站姿

人的仪表美是由优美的站姿来体现的，而优美的姿态又以正确的站姿为基础。站姿是最容易表现人的特征的姿势之一，不同站姿有时会传递出不同的信息。

基本要领是：重心保持在两脚上；双膝直立，腰背挺直，收腹、挺胸、提臀，抬头挺直脖颈，人体有向上的感觉，肩平头正，微收下巴，双目平视前方，嘴唇微闭，面带笑容，站立时要双肩舒展，双臂自然下垂，放于身侧，或右手放在左手上，双手置于小腹位（如图 7－1 所示）。站立时，要注意肌肉张弛的协调性，肩和手臂的肌肉放松，呼吸自然，面带微笑。

图 7－1　站姿

**1. 站姿禁忌**

（1）东倒西歪。

面试时东倒西歪，站没站相，坐没坐相，很不雅观。

（2）耸肩勾背。

耸肩勾背或者懒洋洋地倚靠在墙上或椅子上，这些将会对自己形象的树立产生不良影响。

（3）双手乱放。

将手插在裤袋里显得很随便、散漫，在面试中是不适宜的。双手交叉在胸前这种姿势容易使人有受压迫之感，也不宜在面试场合中使用。

（4）做小动作。

下意识地做小动作，如玩弄衣服或头发、咬手指甲等，这样不但显得拘谨，给人以缺乏自信的感觉，而且有失庄重。

站姿

**2. 站姿训练**

（1）男士站姿。

身体立直，抬头挺胸，下巴微收，双目平视，嘴角微闭，双脚平行分开，两脚之间距离不超过肩宽，双手在身后交叉，右手搭在左手上，贴于臀部。

（2）女士站姿。

身体立直，抬头挺胸，下巴微收，双目平视，嘴角微闭，面带微笑，两脚尖略分开，右脚在前，将右脚跟靠在左脚脚窝处，两脚尖呈“V”字形，身体重心可放在双脚上，也可放在一脚上，并通过重心的移动减轻疲劳。双手自然并拢，右手搭在左手上，轻贴小腹前。

## （二）坐姿

**1. 坐姿的基本要求**

（1）静态的坐姿。

静态的坐姿要求：坐满椅子的 2/3，头正目平，双目平视前方或注视对方，下巴向内微收，肩放松，挺胸收腹，腰背挺直，嘴微闭，面带微笑，双手相交放在腹前双腿上，双脚平落在地面上（如图 7－2、图 7－3 所示）。

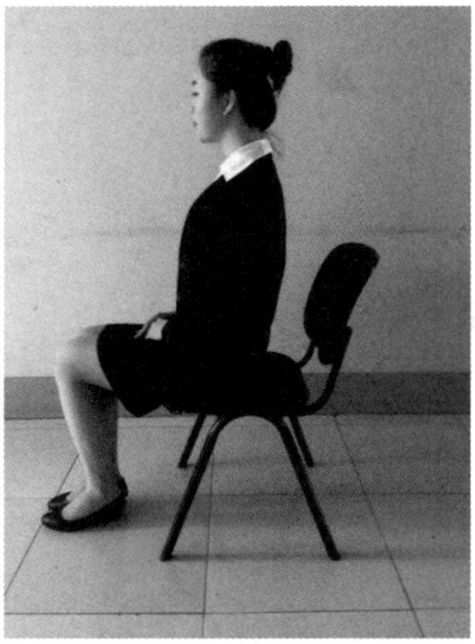

图 7－2　坐姿（侧面）

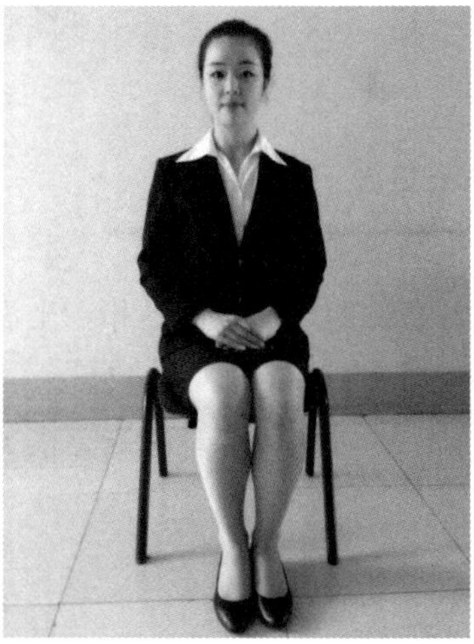

图 7－3　坐姿（正面）

（2）动态的坐姿。

1）入座的要求。

入座时，走到座位前面转身，轻而缓，右脚向后撤半步，从容不迫地慢慢坐下，然后左脚跟上（或右脚向前）与右脚（或左脚）并齐。女性入座要娴雅，坐下前应用手把裙子向前拢一下。

2）离座的要求。

离座时，右脚先向后迈半步，站起身，向前走一步离开座位。不可猛地起身，以免制造紧张气氛。

**2. 女士坐姿训练**

女士坐姿

（1）标准式。

小腿垂直于地面，两脚保持小丁字步。

（2）侧点式。

两小腿向左斜出，双膝并拢，右脚跟靠拢左脚内侧。右脚掌着地，左脚脚尖着地。

（3）前交叉式。

左脚置于右脚上，两踝关节处交叉，两脚尖着地。

（4）后点式。

两小腿后屈，脚尖着地，双膝并拢。

（5）曲直式。

右腿前伸，屈左腿，大腿靠紧，双脚前脚掌着地，双脚前后放置在一条直线上。

（6）侧挂式。

在侧点式基础上，左腿后屈，脚绷直，脚掌内侧着地；右脚提起，用右脚脚面贴住左脚脚踝，膝与小腿并拢，上身右转。

**3. 男士坐姿训练**

男士坐姿

（1）标准式

双手自然弯曲，小腿垂直地面，双腿分开一拳宽，双脚平行朝前，双手分别放在两膝上。

（2）前伸式

在标准式基础上左脚向前半脚，脚尖不要翘起。

（3）前交叉式

在标准式基础上两腿前伸，双脚在踝关节处交叉。

（4）交叉后点式

在标准式基础上两脚交叉，小腿向后屈，前脚掌撑地。

（5）曲直式

在标准式基础上右脚前伸，左腿屈回，前脚掌着地。

### （三）走姿

优美的行走姿势有助于塑造体态美，缓解肌肉紧张。行走以轻巧、自如、稳健、大方为美。男性以便步式走姿为多，女性以一字步走姿为多。

走姿

#### 1. 走资的类型

（1）便步式走姿。

行走时，假设下方有一条直线，双腿交替踩迈，前腿屈膝程度不宜过大。脚跟先着地，然后迅速过渡到前脚掌，脚尖略向外，腿部具有力度感；上身自然挺拔，立腰，收腹，身体重心随脚前摆迅速跟上，勿落在后脚或两腿之间，身体保持平稳前移；头正，目光平稳，用眼睛的余光注意前下方，微收下巴；肩平，勿摇晃；上臂带动小臂自然前后摆动，前摆时，手不得超越衣扣垂直线，肘关节微屈，掌心向内，勿甩小臂，后摆时勿甩手腕。

（2）一字步走姿。

行走时，假设前下方有一条直线，双脚交替迈步踏在直线上，左脚前迈时微向左前方送胯，右脚前迈时微向右前方送胯，但送胯不要明显；双臂自然摆动，前摆臂时注意肩部稍许平送，后摆臂时注意肩部稍许平拉。

#### 2. 变向时的动作要领

走在前面引导来宾时，应尽量在宾客左前方，髋部朝向前行的方向，上身稍向右转体，左肩稍前，右肩稍后，侧身向着来宾，与来宾保持两三步的距离。当走在较窄的路面或在楼道中与人相遇时，也要采用侧身步，双肩一前一后，并将胸部转向他人，不可将后背转向他人。向他人告辞时，应先向后退两三步，再转身离去，退步时，脚要轻擦地面，不可高抬小腿，后退的步幅要小，转体时要先转身体，头稍后再转。

蹲姿

### （四）蹲姿

在日常生活中，人们对掉在地上的东西，一般是习惯弯腰或蹲下将其捡起。空乘人员在以下情况下采用蹲姿：整理工作环境；给予乘客帮助；提供必要服务；捡拾地面物品；自我整理装扮。

注意事项：不要突然下蹲；不要离乘客过近；不要方位失当；不要毫无遮掩；不要蹲着休息；不要随意滥用。

### 1. 女士高低式蹲姿

双膝一高一低，大腿靠紧；下蹲时，一只脚在前，一条小腿垂直于地面，全脚掌着地；另一只脚在后，前脚掌着地，脚跟提起，臀部朝下，重心在一条腿上（见图 7－4）。

### 2. 女士交叉式蹲姿

蹲下后双腿交叉在一起，双腿前后靠紧，合力支撑身体；下蹲时右脚在前，右小腿垂直于地面，全脚掌着地，左右腿交叉重叠；左脚脚跟抬起，前脚掌着地；上身略向前倾，臀部朝下（见图 7－5）。

图 7－4　女士高低式蹲姿

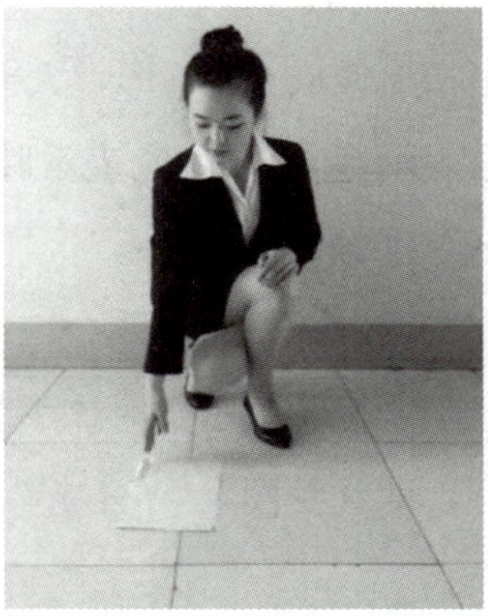

图 7－5　女士交叉式蹲姿

### 3. 男士蹲姿

男士左脚全脚着地，小腿基本垂直于地面，右脚脚跟提起，脚掌着地；右膝低于左膝，右膝内侧靠于左小腿内侧形成左膝高右膝低的姿态，臀部向下，基本上以右腿支撑身体；取物时双眼看着物体，起身要轻缓，右腿回正。

这里需要特别提醒注意的是，下蹲时无论采取哪种蹲姿，都应掌握好身体的重心，避免在乘客面前滑倒的尴尬局面出现。

## （五）手势

手势，是运用手指、手掌、拳头和手臂的动作变化，表达思想感情的一种态势。除了语言和表情，手是传情达意最有效的手段和工具。

### 1. 手势的区域

手势活动的范围，有上、中、下三个区域。肩部以上称为上区，上区的手势多用来表示理想、希望、宏大、激昂等情感，表达积极肯定的意思；肩部至腰部称为中区，中区的手势多表示比较平静的思想，一般不带有浓厚的感情色彩；腰部以下称为下区，下区的手势多表示不屑、厌烦、反对、失望等，表达消极的意思。

**2. 常见的手势**

（1）举大拇指。

在我国，右手或左手握拳，伸出大拇指，表示“好”“了不起”等，有赞赏、夸奖之意；在有些国家则表示“一”。

（2）举食指。

左手或右手握拳，伸直食指，在世界上多数国家表示数字一；在个别国家则表示“请示”“提问”“最重要”“请再来一杯”等。

（3）“V”形手势。

食指和中指上伸成“V”形，大拇指弯曲压于无名指和小指上，这个动作在世界上大多数国家表示“二”。用它表示胜利时，手掌一定要向外。

（4）“OK”手势。

拇指和食指合成一个圈，其余三个指头伸直或略屈，即为“OK”手势。在我国和世界上一些国家，伸手示数时该手势表示“零”或“三”。在有些国家，这个手势也表示“OK”，即“赞同”“了不起”。

（5）背手。

将手背后可起到一定的镇定作用，使人感到坦然自若。

人在紧张、兴奋、焦急时都会有意无意地做出一些手部动作。作为仪态的重要组成部分，手势应该得到正确地使用。手势也是人们交往时不可缺少的动作，是最有表现力的“体态语言”之一。俗话说：“心有所思，手有所指。”手的魅力并不亚于眼睛，甚至可以说，手就是人的第二双眼睛。

**3. 手势的基本要领**

规范的示意手势是手掌伸直，手指并拢，拇指自然分开，掌心斜向上方，腕关节伸直，手与前臂形成直线，以肘关节为轴，自然弯曲。做手势时，要配合眼神、微笑和其他姿态，使手势更显得协调大方。

（1）与乘客交谈时：手势不宜单调重复，不能做得太多、过大，要给人一种优雅、含蓄和彬彬有礼的感觉。

（2）谈到自己的时候：不要用大拇指指自己的鼻头，应用右手按自己的左胸，这样会显得端庄、大方、可信。

（3）谈到别人的时候：不要用手指指他人，在清点人数时，应采用掌心向上的方式用右手掌来数。

（4）请乘客做某事时，应掌心向上，手指自然并拢，以肘关节为轴指示目标，同时上身稍向前倾，以示敬重，切忌伸出食指来指点。

（5）掌心向上的手势有一种诚恳、恭敬的意义；掌心向下则意味着命令、安排和指示。

（6）招手、欢呼、鼓掌都属于手势的范围，应根据不同场合和目的恰当运用。

**4. 手势的禁忌**

（1）忌容易造成误解的手势。

（2）忌不文明的手势。

（3）忌不尊重他人的手势。

（4）忌不稳重的手势。

（5）忌手势过多，动作幅度过大。

**5. 手势训练**

（1）横摆式。

在表示“请进”“请”时常用横摆式手势。做法是：五指并拢，手掌自然伸直，掌心向上，肘微弯曲，腕低于肘。开始作手势应从腹部之前抬起，以肘为轴向一旁摆出，到腰部并与身体正面成 45°时停止。头部和上身微向伸出手的一侧倾斜。另一手下垂或背在背后，目视乘客，面带微笑，表现出对乘客的尊重、欢迎。

手势礼仪

（2）曲臂式。

以右手为例：五指伸直并拢，从身体的侧前方向上抬起，至上臂离开身体的高度，然后以肘关节为轴，手臂由体侧向体前摆动，摆到手与身体相距 20 厘米处停止，面向右侧，目视乘客。

（3）双臂横摆式。

当来宾较多时，表示“请”可以动作大一些，通常采用双臂横摆式。做法是：双臂从身体两侧向前上方抬起，掌心向上，两肘微屈，向两侧摆出。指向前进方向一侧的臂应抬高一些，伸直一些，另一手稍低一些；也可以双臂向一个方面摆出。

（4）斜摆式。

请乘客落座时，手势应摆向座位的地方。做法是：手要先从身体的一侧抬起，到高于腰部后，再向下摆去，使大小臂成一斜线，指向座位的地方。

（5）直臂式。

需要给乘客指方向时，用直臂式手势。做法是：手指并拢，手掌伸直，屈肘从身前抬起，向指引的方向摆去，摆到肩的高度时停止，肘关节基本伸直，身体要侧向乘客，眼睛要兼顾所指方向和乘客。注意指引方向时，不可用一个手指指示，那样显得不礼貌。

**综合训练**

假设某种礼仪活动场景，学生分别扮演不同角色。全班学生分成若干小组，分别到讲台前面进行站姿、坐姿、走姿、蹲姿演示，未演示的学生认真观察，待模拟结束后，由学生进行点评，针对模拟表演和学生点评的结果，教师再进行总结，纠正错误的姿势和动作。

## 三、面试着装礼仪

通常，面试时应着正装，但对于刚刚跨出校园、走进社会的应届毕业生来说，允许带一些学生气的装扮。即便是参加名企的面试，也可以选择休闲类的套装，但还是有不少细节是需要注意的。

### （一）女性应庄重高雅

女性在面试着装上自由度相对较大，可以选择裤装或裙装套装。如果着裙装，裙子下摆不要超过膝盖以上 5 厘米。无论什么季节和在什么地区，如果只买一件套装，那深色套装是最稳妥、最保险的（见图 7－6）。高跟鞋的高度以 2～5 厘米较为适宜，妆容简洁，尽量减少首饰的佩戴。求职者可以佩戴耳环，但尽量不要选择圈形或长款下垂型。指甲不宜太长，指甲油可选择透明的。

图 7－6

夏天，一些女士都会穿着丝袜，但丝袜很容易被划破，所以在面试时要多准备一双，避免穿着破洞的丝袜的尴尬。

## （二）男性应干练大方

深蓝或黑色西装，配领尖有纽扣的衬衫，以及一条款式简洁的领带，是男士最保险的装束。面试时，务必还要注意鞋子的选择，应与裤子而非衣服相搭配，袜子也应尽量与鞋子颜色保持一致。男士面试着装见图 7－7。

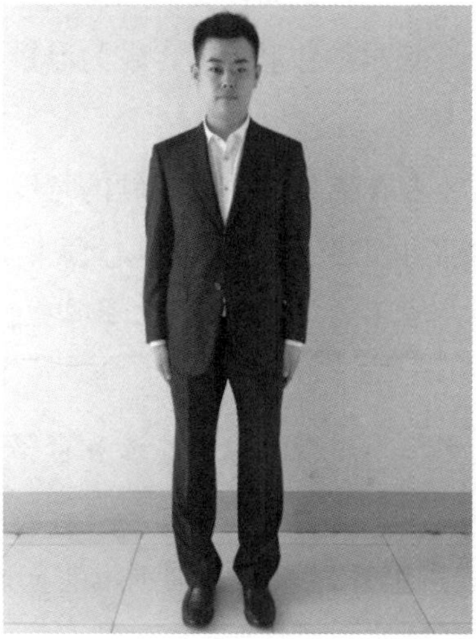

图 7－7

### 1. 西装

西装应做工精细、质量考究，颜色以藏青、深蓝、深灰等冷色调为主。西装外套上的口袋只是装饰性的，一般不装东西。西裤长度以前面能盖住脚背，后边能遮住 1 厘米以上的鞋帮为宜。不能随意将西裤裤管挽起来。纽扣系法也是有讲究的，双排扣的上衣，纽扣要全部系好；单排扣的上衣，三粒扣的系中间一个或者上面两个，两粒扣的应该系上面的扣，单粒扣的一定要系好。

【禁忌】在面试时，尽量不要选择紧身西服或亮色西服。

### 2. 衬衣

以白色为主，米白、乳白或淡蓝色长袖衬衫为佳，可有细条纹或暗条纹。衬衫领子要挺括，下摆要塞在裤腰内，系好领扣和袖口。衬衫领口和袖口要长于西服上装领口和袖口 1～2 厘米，衬衫里面的内衣领口和袖口不能外露。如果西服本身是有条纹的，应搭配纯色衬衫；如果西服是纯色的，衬衫就可以带有简单的条纹或图案。衬衫的第一粒纽扣，穿西装打领带时一定要系好；不打领带时可以解开。

【禁忌】衬衫颜色太过花哨，如粉红色；衬衣切忌肮脏、褶皱、破损、掉扣等。

### 3. 领带

领带是男士着装时最重要的饰物之一，职业男士在选择不同的西装时也要搭配不同的领带。

领带的质地以纯真丝或 50%的羊毛和 50%的真丝混合织成为佳。亚麻领带易起皱，不典雅；而人造纤维有发光的特点，颜色过于刺目，会有损职业形象。领带的颜色以与西装相近为宜，斜条纹、几何图形、小碎花均可，外形美观、平整，无挑丝、无瑕疵、无线头，衬里毛料不变形，悬垂挺括，较为厚重；不能太另类，不能过于艳丽，尽量不使用简易式领带。

领带的宽度应大致和西装上衣延及胸前的翻领的宽度相似。领带的长度以自然下垂最下端（即大箭头）到皮带扣处为宜。如果担心领带活动，可以用高质量的领带夹，夹的部位在衬衫从上端数第 4～5 粒扣处，不穿外套时不扣领带夹。

### 4. 皮带

皮带应宽细适中，朴实无华。皮带的颜色应该和鞋子的颜色相匹配。皮带的材料则应坚持使用皮质的。

【禁忌】皮带太宽则霸气过于外显，而太细则没有阳刚之气；忌皮带上挂钥匙串或手机套，忌皮带面爆裂，扣处撕裂等。

### 5. 口袋

无论是两件套还是三件套西装，其上衣和西裤口袋都应少装或不装东西。日用品可放在西装左、右内侧衣袋里，以保持西装的美观。

### 6. 鞋袜

按照西装的着装要求，穿西装应配黑色系带皮鞋，并保持鞋面清洁锃亮。旅游鞋或长筒靴等不宜在正式场合穿着。与皮鞋配套的袜子应为深色的纯棉、线、丝或羊毛制品，忌穿白色袜子。而且袜筒要足够高，弹力要好，以免坐下后露出一截腿，极为不雅。

## （三）量体穿衣方案参考

（1）个子矮小的人：可利用单一颜色衣服使人“变高”的视觉效果。与服装同色的裤、袜，直条纹的衣料、直筒裙等都有视觉增高的作用。不宜选择上下身颜色强烈对比，以及大花布或格子衣料，会让人看上去更矮、更胖。

（2）个子高、瘦的人：宜选择色彩鲜明的样式，格子布，有降低身高使人丰满的作用。女士可穿长及小腿中部的 A 形裙，横间条的衣服。浅色、厚粗的布料、宽大的领子、灯笼袖等设计都适合这种体型的人。不宜从头到脚都穿深色的服装，以及过于紧身或过于宽松的服装。

（3）个子高、胖的人：色彩以冷色调为主，款式尽量简洁、清雅。单色或直条纹的料子、“V”形领子、长背心、宽长的衣袖设计都能产生高瘦的视觉效果。

## 四、交谈礼仪

### （一）交谈的礼仪技巧

在日常生活中，人们运用语言进行交谈，表达思想，沟通信息，交流感情，从而建立、调整、发展人际关系。言谈是考察一个人人品的重要标志。不论是作为言者还是听者，空乘人员交谈时必须保持精神饱满，表情自然大方、和颜悦色，目光温和，正视对方。空乘人员要选择乘客感兴趣的话题，也可以是与航空有关的话题，如飞机飞多高、我们航班飞过航线的地标、在飞行中应注意的问题等。在与乘客谈话时，语言表达应准确、语意完整、语声轻柔、语调亲切、语速适中，同时要照顾乘客的情绪和心情，不可以滔滔不绝地说个没完，要给乘客留下说话的机会，做到互相沟通。空乘人员也要做一名耐心的听众。空乘人员在与乘客谈话的过程中，要注意耐心倾听乘客的谈话，对谈话的内容要做出积极的反应，以此来表现你的诚意，如点头、微笑或简单重复谈话内容。同时恰如其分的赞美是必不可少的，它能使气氛更加轻松友好。

### （二）交谈的禁忌

（1）不要训斥别人。与人打交道，不要动不动就训斥别人。

（2）不要挖苦别人。不要挑人家的不对，不要拿身体缺陷或者生活中的不足之处来挖苦别人。

（3）不要纠正对方。人际交往中有很多问题难说对与错，谁都有道理，不分谁对谁错，不要试图纠正对方。

（4）不随便质疑别人。不要随便对人家说的话表示怀疑，尤其不要当众去表示怀疑。

（5）不要随便补充别人的话。每一个人关心问题的角度不一样，不要随便补充，否则有可能把别人的主题带偏了。

在整个谈话过程中，最主要的是要善于容人，不要以人之短来补己之长，要以人之长来补己之短，这样才能做到真正的知礼、懂礼、用礼。

★案例

### 一份餐食

在一个航班上，空乘人员为乘客提供正餐服务，机上的正餐有两种餐食供乘客选择，但供应到某位乘客时，他所要的餐食刚好没有了，空乘人员非常热心地到头等舱找了一份餐食送到这位乘客面前，说："真对不起，刚好头等舱多余了一份餐食，我就给您送来了。"乘客一听，非常不高兴地说："头等舱吃不了的给我吃？我也不吃。"由于不会说话，空乘人员的好心不仅没有得到乘客的感谢，反而惹得乘客不高兴。如果空乘人员这样说："真对不起，您要的餐食刚好没有了，但请您放心，我会尽量帮助您解决的。"然后从头等舱拿到餐食后，送到乘客面前时，说："我将头等舱的餐食提供给您，希望您能喜欢。"同样的一份餐食，但不同的一句话，却带来了不同的结果。这就是说话的艺术。

**（三）面试后的礼貌道别**

（1）真诚感谢航空公司给予面试的机会。

（2）如果被告知录用，应向招聘者表示感谢，希望今后合作愉快。

（3）若结果未知，则应再次强调你对来此工作的热情，表示与招聘者的交谈获益匪浅，并希望今后能有机会再次得到对方进一步指导。

（4）离开前，要注意整理好资料、放好椅子等。

★案例

### 空乘制服欣赏

**1. 中国国际航空**

中国国际航空的空乘制服，采用了被称为"中国蓝和中国红"的青花与霁红两种颜色为主色调；整体端庄大方，独具美感。此外，衣服采用了较好的面料，舒适且耐穿。

**2. 中国东方航空**

中国东方航空的空乘制服，本着“简洁、美观、得体”的原则，在满足职业制服功能性的同时，力求展现优雅的东方气质与时尚的风格。以藏蓝色为主色调，营造出稳重、专业的职业氛围；又用正红色皮带配饰抓人眼球，经典中透出热情。丝巾的灵感则来源于花朵，体现出东方女性优雅、柔美、含蓄的特质。

**3. 海南航空**

海南航空的空乘制服经历过多次改变，全新制服整体色彩以灰色为基底，搭配黄色海浪和红色蝠燕，旗袍袖口采用七分袖，简洁大方的视觉更增加了空乘的干练感；围裙的设计裙型为郁金香型，兼具美观和实用功能；同时采用精致的西式立体剪裁，彰显国际化品质和品位，营造出精确和专业化的观感。

**4. 四川航空**

四川航空空乘制服采用的是红色和黑色的经典配色，主色调灵感来自川航红。主款为红色七分袖连衣裙、黑色腰带、浅立领，胸前有红黑相间“褶皱”折饰，整体线条简洁流畅。外套为西装款式，分红、黑两款，下摆采用柔美的荷叶边收腰，配合黑色礼帽，端庄娴静的女神气质迎面袭来。

**5. 厦门航空**

厦门航空的空乘制服以蓝色为主色调，整体显得简约清新自然，突显出东方女性的优雅时尚与干练。衣袖为干练、时尚的七分袖；腰间搭配深蓝色的宽腰带；帽子俏皮可爱，并配有“一鹭高飞”航徽。

**6. 青岛航空**

青岛航空的空乘制服以海军蓝为主色调，配以沙滩金的丝巾和橙色腰带，辨识度

极高，独具特色。此外，还有以灰色为主色调的空乘制服，配以辨识度极高的橙色，显得端庄优雅又不失热情活力。

**7. 吉祥航空**

吉祥航空空乘制服设计以低饱和度色系为主色调，辅以凤凰、牡丹图案与金边刺绣，传递吉祥航空温暖、喜悦、关怀的服务理念，进一步提升“梦旅生花”品牌服务理念，强化吉祥航空品牌辨识度。女性制服以饱和度较低的淡雅粉、男性制服以蓝灰色为主色调，两款低反差色系相配合，在体现大国文化内敛沉稳的同时，以金色刺绣细节表达尊贵典雅的姿态。

## 第三节　空乘面试应答宝典

**1. 请用三分钟简单介绍一下你自己。**

回答要点：用 10 秒钟简单介绍个人信息。用一分半钟左右的时间介绍你以前从事的工作和所获得的成绩。再用 1 分 20 秒左右的时间描述你以前的工作经验对应聘的这个职位来说有哪些帮助。

**2. 你认为一名空乘人员最大的挑战是什么？**

回答要点：此问题的回答能够表明你对工作的关注点，应该从服务理念方面来回答。例如：一是对服务态度的认识，可以回答：“我认为是持之以恒地保持良好的服务态度，记得在书中看到：服务很简单，甚至简单到荒谬的程度，但是要持之以恒地提供高水平的服务真的很难。”二是服务技巧，可举例遇到突发事件的处理方法。

**3. 请说一说本人的职业观。**

回答要点：面试前做好准备，面试时根据自己的实际情况如实回答，并且要与应聘职位相符，让招聘者觉得你会长久地在这个行业和职位上发展下去。

**4. 你认为自己的英语实力如何（如未取得4、6级证书）?**

回答要点：

A. I still have any difficulties in listening because of the limited vocabulary.

B. I don't think I have any problems in daily conversation. And if I could have a good environment，I could improve fast.

**5. 为什么你想到这里来工作?**

回答要点：对于这个问题，面试之前需进行准备，收集相关的资料。除说明公司的待遇、福利条件吸引人之外，可进一步说明此工作可一展自己的专长。组织几个理由进行回答，最好是简短而切合实际的。

**6. 这个职位最吸引你的是什么?**

回答要点：这是一个表现你对这个公司、这份工作看法的机会。回答应使招聘者确认你具备他要求的素质。无工作经验的人可以针对自己被这份工作吸引以及自己关心的地方回答。有工作经验者可提出这份工作的与众不同之处。

**7. 你最大的成就或者值得骄傲的成绩是什么?**

回答要点：你要准备一两个成功的小故事。从你过去或目前的相关工作中，找出具体的实例来加以说明。例如，为了举办校园歌手比赛，你成功地联系了一家企业作为赞助商，使比赛开展得很成功；或从大三开始，自己边学习，边工作，勤工助学，生活不依靠父母，完全自立。要选择虽然成就比较小，但和招聘需求比较相关的故事来叙述。

**8. 未来五年你的事业目标?**

回答要点：对工作拥有具体期望与目标的人，通常成长较快。根据能力和经历，回答一定要得体，如“我的目标是……，为了达到这个目标，我必须努力充实自己……，我拥有这样的自信。”“我在上一份工作中积累了一些行政经验，我将来也许要运用我组织和计划上的经验和技巧。我希望能充分展示我在这个行业的能力和智慧。”

**9. 你最低的薪金要求是多少?**

回答要点：这是必不可少的问题，是求职者和招聘者出于不同考虑都十分关心的问题。针对待遇问题，以清楚明确答复最佳，“依公司规定”可能被误认为是缺乏自信而非谦虚。因此最好客观分析个人年龄、经验、能力，再依行业类别、公司规模等客观资料，提出合理的数字，附带说明提高待遇的理由。聪明的做法是，不做正面回答，强调你最感兴趣的是这个机遇和挑战并存的工作，避免讨论经济上的报酬，直到你被雇佣为止，如“薪水固然重要，但这工作伴随而来的责任更吸引我。”

**10. 你还有什么问题吗？**

回答要点：你必须回答“当然”。你要准备通过你的发问，了解更多关于这家公司、这次面试、这份工作的信息。假如你笑着说：“没有”（心想终于结束了，长长呼出一口气），那才是犯了一个大错误。这往往被理解为你对该公司、对这份工作没有太大的兴趣。一些可供选择的问题：为什么这个职位要公开招聘？这家公司（这个部门）最大的挑战是什么？关于公司的长远目标和战略计划，您能否用一两句话简要为我介绍一下？您考虑在这个职位上任职的人应具有什么素质？决定雇佣的时间大致是多久？关于我的资格与能力问题，您还有什么要问的吗？

**11. 你有什么长处或弱点？**

回答要点：招聘者通过这个问题，可了解求职者如何客观分析自己，并测试其表达与语言组织能力。回答时，除个人描述外，加上亲友的观点可增加说服力，应避免抽象的陈述，而以具体的经验及自我反省为主，使内容更具吸引力。长处可以照实回答，比如乐于助人和关心他人、适应能力强和有幽默感、乐观和友爱等。当你在叙述个人弱点时，要能够说出过去的具体相关事例，来佐证你的观点。当然，你也可以说一个你明显的缺点，然后举出例子说明你是怎样克服这个缺点的。你可以回答：“我认为自己的长处是能够热衷于某件事情，并且始终乐此不疲，能够专心致志直到完成。从某方面来讲，这也是我的短处，有时过分热衷于某件事，导致对一些事的看法可能会失之偏颇。其实我也了解自己的这一点，因此今后会经常反思和检讨的。”

**12. 如何理解微笑、敏捷、耐心、合作是航空公司对每一位空乘人员的基本要求？**

回答要点：微笑是服务行业的法宝，微笑可以拉近乘客与我们之间的距离，能使乘客对我们产生信任。当空乘人员微笑着面对乘客时，愉悦的心情会感染他们，使他们也高兴起来，发出会心的微笑。酒店老板要求员工以真诚的微笑面对客人。同时，微笑也是人与人之间沟通的良好工具。

敏捷是要求空乘人员能够灵活应对飞机上发生的各种状况和乘客提出的各种要求，灵活的身手、敏捷的反应可以给乘客留下干练、高效率的好印象，也让乘客感觉轻松。这些都是可以在后天的训练中形成的。只要抱着自信和努力的信念，我相信终有一天可以实现自己的梦想。

耐心也是必不可少的一部分。耐心是指亲切的问候，温柔的提醒，不厌其烦地解决乘客提出的各种问题要求，让乘客有一种在家中的舒适感。

合作是要空乘人员配合好机场以及飞机上其他员工的工作，使起飞、飞行、降落顺利进行，同时，对乘客的要求也要给予积极的配合。起飞后，飞机便是一个封闭的小环境，各种状况都有可能发生。拥有良好的心态和合作态度，无疑能让空乘的工作更加顺利地展开。

### 13. 一名优秀的空乘人员应具备的职业道德有哪些？

回答要点：

（1）要热爱自己的本职工作。对空乘工作的热爱不是一时的，当理想中的美好的空乘生活被现实的辛苦打破后，还能一如既往地主动、热情、周到、有礼貌、认真负责、勤勤恳恳、任劳任怨做好工作，是每一名空乘人员必备的职业道德。

（2）有较强的服务理念和服务意识。在激烈的市场竞争中，服务质量的高低决定了企业能否生存，市场竞争的核心实际上是服务质量的竞争。民航企业最关心的是乘客和货主，要想在市场竞争中赢得乘客，就必须提高服务意识和服务理念。服务意识是经过训练后逐渐形成的。意识是一种思想，是一种自觉的行动，是不能用规则来保持的，它必须融化在每个空乘人员的人生观里，成为一种自觉的思想。

（3）有吃苦耐劳的精神。空乘在人们的眼中是在空中飞来飞去的令人羡慕的职业，但在实际工作中却有很多人们意想不到的困难。跨国航线时差的不同、各种乘客的不同、工作中遇到的困难和特殊情况等随时都会发生。没有吃苦耐劳的精神，就承受不了工作的压力，做不好服务工作。

（4）热情开朗的性格。空乘工作是一项与人直接打交道的工作，每天在飞机上要接触乘客，随时需要与乘客进行沟通，没有一个开朗的性格就无法胜任此项工作。

（5）刻苦学习业务知识。空乘人员在飞机上不仅是端茶送水，而且需要掌握许多的知识。例如，今天的航班飞往美国，空乘人员首先要掌握中国和美国的人文地理、政治、经济情况，航线飞越的国家、城市、河流、山脉以及名胜古迹等，还要掌握飞机的设备情况、紧急情况的处置、飞行中的服务工作程序以及服务技巧等。可以说，空乘人员上要懂天文地理，下要掌握各种服务技巧，不但要有外在美，也要有丰富的内在美。

知识链接

## 面试禁忌

1. 忌与旁人唠叨

在接待室恰巧遇到朋友或熟人，就旁若无人地大声说话或笑闹，对刚才面试的过程大肆渲染，这是极不礼貌的表现。实际上，招聘者也在暗中观察求职者的其他表现。

2. 忌面试时的小动作

折纸、转笔、玩弄衣袋或发辫、身体摇摆或抖动等会显得很不严肃。不要乱摸头发、耳朵，这可能被理解为你在面试前没做好个人卫生。用手捂嘴说话是一种紧张的表现，应尽量避免。

3. 忌犹豫不决

求职者回答问题时举棋不定是不明智的，这样容易让招聘者感到求职者缺乏必要的诚意，是个信心不足的人，甚至怀疑其工作作风与实际能力。

4. 忌“亲友团”“情侣档”的陪同

面试时，莫让他人陪同入场。有的求职者面试时，习惯带上同学或亲戚前往，以消除紧张感或给自己当“参谋”。其实这种做法对求职者是不利的。他人在场既会尴尬，也会给招聘者留下缺乏自信心、独立性不强的印象，容易遭到淘汰。

★案例

## 航空公司招聘需求

**1. A航空公司**

A航空公司曾委托外派公司在上海招聘空乘人员。招聘条件和要求：年龄在20～25周岁之间、身高在160厘米以上、隐形眼镜矫正视力1.0以上，身体条件符合空乘要求，未婚，具有本科以上学历，具有良好的英语水平（相当于CET4级英语水准），会日语者更佳。

**2. B航空公司**

B航空公司曾在香港进行过招聘活动。由于名额有限，B航空公司采取了先到先得的形式为求职者进行登记及面试。面试共分为6个环节，求职者至少要本科毕业，英语科目合格，能阅读和流利进行汉语、英语对话，会说广东话，伸手可触及的高度达 208 厘米，曾于服务行业工作的求职者可获优先考虑。

**3. C 航空公司**

C 航空公司的招聘者表示：空乘人员最需要的是温柔亲切的气质，会微笑。头发染色过于刺目的、衣着太花哨的、化妆过分夸张的、脸上无表情的，都不在入选之列。

许多外国航空公司都曾在中国举行过招聘会，可见，空乘这个职业确实有着非常大的发展空间和人才需求。通过这些航空公司的招聘要求来归纳这个职业所必需的条件，我们不难发现，除了身体素质，最重要的两点是：英语和气质。每个航空公司都要求空乘人员有一定的应用英语的能力，这对于工作中要接触各国乘客的空乘人员确实至关重要。若空乘人员拥有亲切的笑容，得体大方的言谈举止，无疑已经领先了其他求职者。

## 本章小结

通过本章的学习，学生了解了面试礼仪的重要性，在面试中，应注意适当修饰自己的仪容，美化自己的仪态，充分体现一个礼仪人员彬彬有礼的风度。学生要熟练掌握面试礼仪中的基本动作和训练技巧，同时在日常学习生活中时时注意自己的仪表仪态，真正把课堂讲授的礼仪知识学以致用。

## 思考题

1. 某位同学不注重仪表形象，他接到通知赶去面试，出门前没照镜子，头发蓬乱、头屑不断，穿着校服且领口大敞，交资料时发现手指的指甲缝里全是油和泥，与招聘者面对面交流时被发现鼻毛在鼻孔之外随风飘摇。结果他面试失败。请指出该同学应注意哪些方面的面试礼仪。

2. 结合课堂讲授的面试礼仪，加以训练，并将自己不同的坐姿和站姿用相机拍摄下来，互相比较分析，找出优点和不足。

## 实训项目

1. 请模拟空乘人员面试流程。

2. 请练习空乘人员的自我介绍（中、英文）。

3. 请以南方航空公司为面试企业，进行妆容准备及仪容仪表准备。

# 参考文献


[1] 付强. 形体训练与形象塑造 [M]. 北京：人民邮电出版社，2017.

[2] 王晶，魏扬帆，肖俊. 形体训练教程 [M]. 东营：中国石油大学出版社，2016.

[3] 梁智栩. 形体训练 [M]. 上海：上海交通大学出版社，2015.

[4] 张丽民. 中国古典舞音乐研究 [M]. 北京：人民邮电出版社，2017.

[5] 吴昊. 中国古典舞蹈的组成元素 [J]. 艺术评鉴，2019 (11)：69-71.

[6] 庞蓉. 传统礼乐文化与古典舞教学相融合的创新研究 [J]. 艺术科技，2019，32 (2)：47-48.

[7] 冯源. 礼乐文化起源的地域性及其当代意义 [J]. 宜春学院学报，2019，41 (5)：46-51.